密教 大楽に生きるワザ

統合瞑想があなたを変える

［飛騨千光寺住職］
大下大圓［著］

日本評論社

表の図は、下図を梵字で書いた胎蔵界曼荼羅中台八葉院
（大圓ご住職直筆の梵字曼荼羅です。よろしければ守護仏としてご活用下さい）

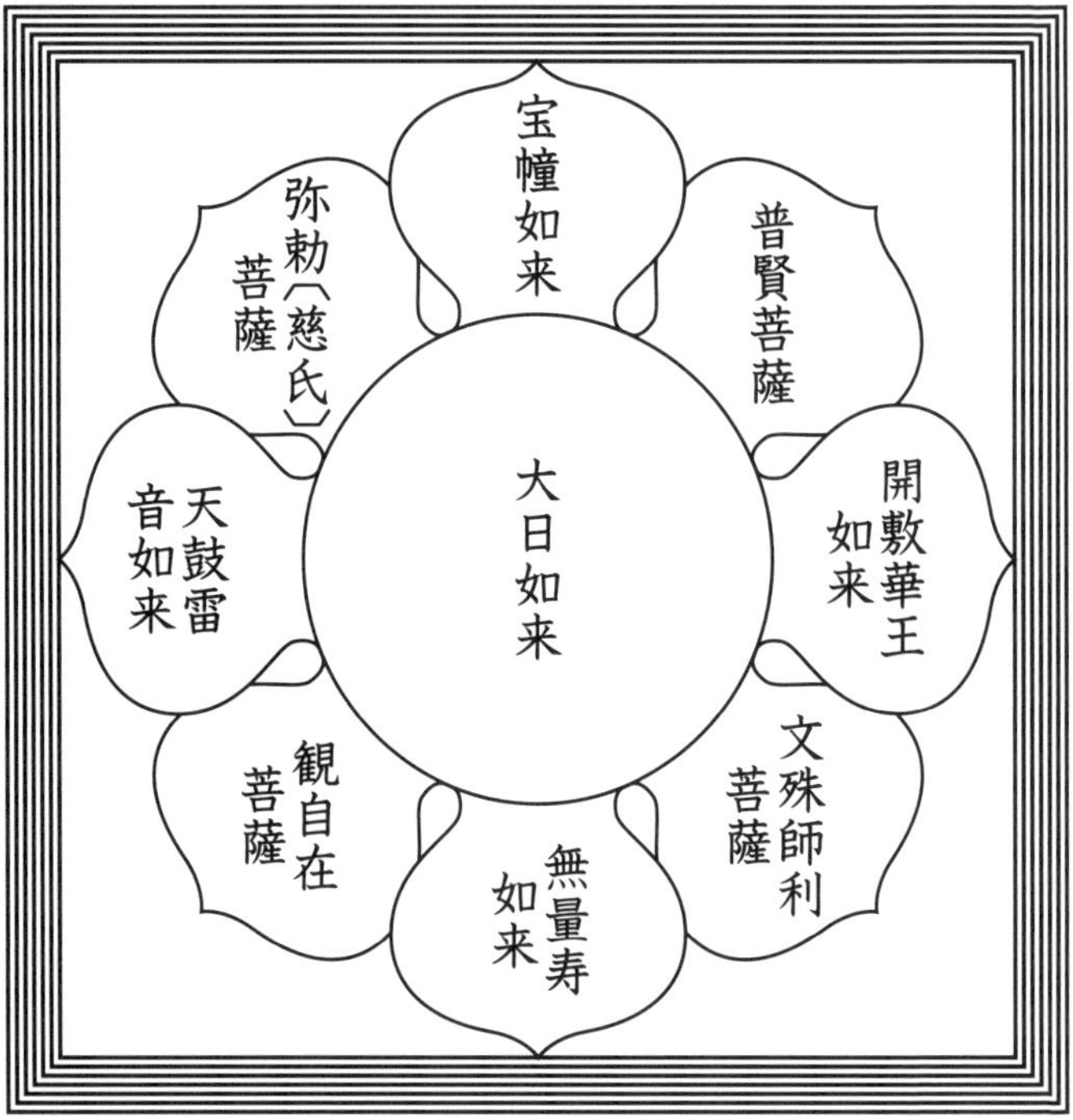

※中台八葉院を囲む５つの線を５色界道という。
内より白、赤、黄、青、黒。

はじめに

いきなりですが、あなたは「密教」って知っていますか？

本のタイトルから興味をもたれ、手に取られたことかと思いますが、はじめて知る言葉だという方もいるかもしれませんね。実は密教には、仏教の中でも奥の深い教えや実践方法が示されています。

これからどう生きようか思案しているあなた、いろいろ悩みを抱えているあなただからこそ、これからの生き方に役立てられるものなのです。

また、もっと自分には能力があるのではないかと、思っているあなた、密教の生き方に取り組んでみませんか。新しい自分の能力に気づくことでしょう。

最近、全国を講演や研修などで回っていると、思いどおりにならないことをなんとか思い通りにしようとあがいて、苦悩し、葛藤して、かえって状況を悪化させている人にたくさん出会います。あえていえば、そういう人ばかりに出会うと言ってもいいかもしれません。職場のこと、親子関係、夫婦関係、友人関係、恋愛、出世、病気、老いなど……、あなたもまた、そういう苦悩をひとつは持っているのではないでしょうか。自分は正しい、自分がうまくいかないのは、あいつが悪いからだ、そんな思いにとらわれてはいないでしょうか。

「もうすこし前向きに生きたい」「もっと自分らしく生きたい」――そう思っているあなたは、その生き方をもっと積極的に切り変えてみませんか。

密教は、そういうあなたの生き方を後押ししてくれるものです。そして、あなたの人生をときめくように輝かせるのが密教なのです。

さて、「ＩＯＳ」という言葉を聞いたことはありますか？　ＩＯＳとは「総合作動システム（Integral Operating System）」のことです。今日の情報ネットワークの世界では、インターネットに代表されるような、さまざまなソフトウェアを作動するシステムで、瞬時に多種多様な情報を知ることができます。旅行、ビジネス、仕事、遊び、趣味など最新の価値ある情報を手に入れることができることを、オペレーション・システムと呼んでいます。

ＩＯＳは、それをもっと有機的、相互連関的に活用して「ビジネスとエコロジーの対話、エコロジーと芸術の対話、法律、教育、医学、詩、スピリチュアリティなどとの対話」が可能となるようなシステムです。実は、なんと一二〇〇年前の日本において、これと同じような考え方を曼荼羅《まんだら》の説明から倫理道徳、思想、宗教哲学、諸宗教などの統合システムを当時の言葉で著した人がいました。それが、日本で真言《しんごん》密教をひろめた弘法大師空海なのです。

「悠々《ゆうゆう》たり　悠々たり　はなはだ　悠々たり」

「稜々《りょうりょう》たり　稜々たり　はなはだ稜々たり」

これは弘法大師、すなわち空海さんの言葉です。

なんと大きく広々として凛《りん》とした空気を表現した言葉でしょう。密教のとてつもない心の奥深さを物語っています。この言葉の背景に、統合的なシステムが隠されています。

密教が一般仏教（顕教《けんぎょう》）と異なる大きな点は、「人間の欲望」をあからさまに否定しないで、むしろそれを素直に認めて、その人なりの心の成長を見守りながらアシストすることです。

タイトルにある「大楽《たいらく》」とは『般若理趣経《はんにゃりしゅきょう》』の「大楽金剛不空真実三摩耶経《たいらきんこうふこうしんじさんまやけい》」から引用したものです。密教は、大いなる欲や楽（幸福・慈悲）を瞑想の境地で獲得する壮大な「大楽の法門」なのです。

私は一二歳のとき、仏教が何かもわからないままに奥深い山の密教寺院で出家しました。そこが現在住職をしている飛騨千光寺《ひだせんこうじ》なのです。小僧の生活から始まって、高野山やスリランカなどでも修行をしました。やがて高野山の伝燈大阿闍梨《でんとうだいあじゃり》になる密教の専門的な修行を積んで、今に至っています。

修行というかけがえのない実践行《ぎょう》を通じて、私自身が人生の荒波を密教のおかげで生き延びることができたと思っています。その密教の奥深さと便利さをさらに活かして、一人でも多くの方に実践していただきたいと、今日も仏道を歩んでいます。

われわれ人間は、どこでどんな暮らしをしようと、家族、性差（男女の別）、年齢、居住空間、食物、仕事、趣味など、あらゆる制約の中で生きていかざるを得ません。そして人生の節目でさまざまな苦難に出会います。苦悩の根源は、良いとか悪いとかではなく、出会うべくしてめぐりあったご縁なのです。

それは、お釈迦さま（釈尊）が説いた「縁起《えんぎ》」の教えでもあります。仏教は苦しみ（ドュッカ：dukha＝思いどおりにならないこと）をどのように解決するかという生き方の教えであり、生きる覚悟そのものなのです。そして密教的な生き方とは、今の苦しみをあからさまに否定しないで、むしろその苦しみを認めつつ、そこから前向きに「輝いて生きること」を教えています。

インドで興った密教はシルクロードを経て、中国から日本へ渡りました。日本では一二〇〇年前に高野山を開いた空海（弘法大師）や、比叡山を開いた最澄《さいちょう》（伝教大師）がその先駆けとなりました。

密教は、ひとことで言えば、親から頂いたこの身体のままで仏に成れるという教えです。日本に仏教だけでなく、大陸から文化を輸入した当時の中国（隋、唐など）へ渡った人々は、まさに命懸けであったということを、現代人はもっと謙虚に受け止める必要があります。粗末な造船技術しかなかった遣唐使船での当時の航海では、海の藻くずとなって逝った人々も数多くいたことに思いを馳せ、その人々に感謝したい気持ちで一杯です。

密教についての詳しい内容は本文で紹介しますが、それは単なる知識としてお伝えするのではなく、人が生きていくうえで大切な心と具体的な実践（行）を、誰でも生活に役立てる密教エッセンスとしてあなたに紹介したいと思います。

本書は、全五章からなっています。密教の地、水、火、風、空の五大《ごだい》に喩《たと》えて「地の章、水の章、火の章、風の章、空の章」で構成されています。

「地の章」では、現代社会の直面する課題に触れて、人生の迷いとなる無明《むみょう》からの解放を考えます。

「水の章」では、世に蔓延するさまざまな怒りのエネルギー、それを密教の力で善なるエネルギーに大転換することを知ります。

「火の章」では、密教を日本へ持ち込んだ弘法大師空海さんの教えに触れ、五大の隠された力や曼荼羅のメッセージを受け取ります。

「風の章」では、密教と量子論の関係に触れて、宗教心理の世界を一〇の段階に分けて洞察するスピリチュアルな時空を理解します。

「空の章」は、密教修行の醍醐味である瑜伽行《ゆがぎょう》の理論と実践について、インド仏教の初期の段階から密教瞑想《めいそう》までを網羅して学びます。

すべての章を読み取ったあなたは、きっと密教を実践したくなることでしょう。

その密教ライフには、大きく分けて二つの生き方があります。私のように「専門的な密教修行をして僧侶の道を歩む」か、あるいは「在家（一般家庭）でありながらも、密教のエッセンスを生活に活かして生きる」というものです。

本書を手にされるすべての方に、私と同じような密教の修行をすすめているわけではありません。むしろ、あなたの交換できない人生の今を見直してみて、ちょっと視点を変えて密教ライフを楽しみつつ、あなた自身の「魂の作動システム」を発見していただきたいと願っています。

あなたが「自分らしくパワフルに輝いて生きる」ための一冊をお届けいたします。

平成二八年九月吉日

飛騨千光寺　摩尼珠院にて

大下　大圓

[目次]

地の章

古くて新しい密教

1——怒りの深層を洞察する

追い立てられる閉塞感

新聞やテレビ、ネット上では、毎日いろいろな事件や悲しい出来事が報道されています。凶暴事件も後を絶ちません。その多くが不満や怒りを誰かにぶつけたい憎悪の想念が、その背後に隠されているように思います。世の中に個人のうっ積した「怒り」や「悲しみ」が蔓延しているようです。

また先進国の中でも、日本人の自殺者が多いことで知られています。特に東京などでは朝の通勤ラッシュ時を中心に中央線、総武線などでの自殺者が後を絶ちません。飛び込み自殺で一度列車が止まると、移動手段を損なわれた人々に対する迷惑は甚大なものがあります。「死ぬなら、人に迷惑をかけないで一人で死んでくれ」という荒んだ声も陰であがっています。被害者と家族、どちらも悲しい出来事ですが、本人はなぜ多くの人を巻き込んでまで死を選ぶのでしょうか？

現代の自殺の多くが「追い詰められたところでの選択」と「誰かに怒りをぶつけたい強い意志」があるように思えてなりません。

そんな、なんともいえない怒りと閉塞感がただよっている現代を、どうにかできないものでしょうか。

不満や怒りを誰かにぶつけたい感

不満や怒りはどんな時に起きるのでしょうか。

一歩外へでれば、ゴミ出しの悪さ、バスや電車で並んでいると横から涼しい顔をして割り込む人、電車内で周りを気にせず大声で話す人、混雑する電車内でお構いなく化粧をする女性、平気でタバコを道に捨てる人、映画館で音を立てて物を食べる人、会社で必要以上に仕事を部下に押しつける上司、いやな上司から酒の付き合いをさせられること、逆に食事に付き合いの悪い人、仕事ができないくせに権利だけ主張する人、同僚にお構いなく休日をとる人、実力もないのに会社内でえらそうにする人、小さいことでもことさら問題を大きくする客、苦情ばかりを連発する常連客、帰宅しても安らげない狭い家、車や近所の騒音がうるさい、近所で飼っている犬の鳴き声がやかましい、休日で寝ているのに早くから音を立てる近所の人など……、新聞の読者コラムには、きりがないほど日常の不満が描かれています。

「怒り」のことを、仏教では三毒の一つとして「瞋」と書いて「いかり」と呼んでいます。真実が目隠しされている状態をいいますが、日常の正しくあるべきことを、自分の意識が正しく認識できないで、目隠しされて怒りになることです。読者のみなさんも自分の心に問いかけてみてください。ときどき経験がありますね。

日本人に蔓延している「言いたいけど言えない怒り感」は、本当に解決できないものなのでしょうか？

善悪の心のスイッチを入れるのはあなた

あなたは、一九九七年五月二四日に神戸で起きた衝撃的な事件を覚えているでしょうか？その事件とは「元少年A　酒鬼薔薇聖斗」の残酷な少年殺傷事件です。日本中を震撼させたあの事件から一八年が経ち、三〇歳を超えて社会に復帰している本人による手記が出版されました（元少年A『絶歌』）。

殺された少年のご遺族にしてみれば発刊によって被る心痛は極まりもなく、この手記は残酷な二次、三次被害にもなって、なんとも痛ましいことです。この出版には、多くの人々が憤りを感じています。三二歳になった元少年はもう少年法が適用される年ではないのに、自己の犯罪を匿名で、しかも遺族に断りもなく世に赤裸々に報ずることの是非が問われています。

当時の精神鑑定では、「未分化な性衝動と攻撃性との結合により、持続的かつ強固なサディズムがかねて成立しており、本件非行の重要な要因となった。（中略）嗜虐的殺害が性的興奮と結び付き、殺害の対象が猫から人間にエスカレートし、事件に至る」との見解が示されています。

さて彼のような人間はこの世に一人だけでしょうか？　私は、いまの社会に蔓延する息苦しさの人間模様が、彼のような人格崩壊をきたす要因となっているような気がしてなりません。

悲惨な戦争に突き進んだ七〇年前の反省を忘れて、いま世界戦争に突進しようと合法的手段を画策する政治家も、もしかしたら同じ病理をもっているのかもしれません。己の欲望を満たすためなら、他人を犠牲にしても構わないという「自己保存病」です。原発事故は嫌だと思いながらも、関連する経済的利益は黙認する。他人は犠牲になっても自分さえ助かればそれでいい。どこか似ていませんか。

一方で、このような病的な人間も、仏教から見れば、すべての人間は同じくして仏性《ぶっしょう》を備えた存在であるのです。こんな表現をすると「人殺しをする人間には、仏性などあるものか」と反発されるかと思います。ごもっともなご意見です。

しかしそうなのです。特に密教においては、「元少年Aであっても、やがては仏の本性を知って成仏《じょうぶつ》できる可能性をもつ」と解釈するのです。

欲望をコントロールして菩薩《ぼさつ》のスイッチを入れるか、悪魔のスイッチを入れるかは、これからの彼の生き方にかかっています。

地球の怒り――噴火や地震への畏れ感

東北大震災以降、日本各地で自然災害が増えています。

三宅島の噴火、広島の大雨土砂災害、御嶽山噴火、箱根山の噴火、沖永良部島噴火、桜島、阿蘇山の火山活動の活発化など、火山地震列島の日本には不穏な空気が流れています。平成二八年四月一四日に熊本を中心とする地域で、マグニチュード六・五（気象庁）の地震があり、その二八時間後に、熊本県西原村と益城町でマグニチュード七（同）の大きな地震が発生し、家屋全壊が七九九六棟、半壊が一万七八六六棟、一部破損が七万三〇三五棟（五月二四日）と報告されています。犠牲者は五〇人、関連死が二〇人になっています（八月一三日）。

二年前の平成二六年九月二七日には、飛騨千光寺から眺望できる木曽御嶽山が噴火して、登山者五八人が犠牲となりました。翌年八月に、宗派を超えて組織する中部臨床宗教師の有志で、御嶽山七合目と八合目で慰霊のための追悼登山をしました。参加した宗教家は真言宗三名、浄土真宗二名、天理教二名、御嶽教一名、その他ボランティアの看護師三名や一般の方など総勢二九名で、心をこめて現場で犠牲者の追悼法要をしました。また平成二八年七月二四日には、サポーターやご遺族の方と一緒に八合目、九合目まで登り、犠牲者の冥福を祈りました。

ここでいう「冥」とは、もともと暗やみとか冥府というあの世を指す言葉です。「どのような死に方であっても、あの世では幸いであること」を願う心が「冥福を祈る」ことなのです。これは宗教的な解釈によって、その意味を知ることができます。ここで密教的に解釈するならば、「冥福を祈る」とは、すべての人々は必ず成仏すると信念をもって祈ることです。

ところで、自然災害の原因はいろいろあります。大雨は温暖化による気候変動などからですし、噴火は地球のマグマの活発化による、地下エネルギーの発散です。地震は十分には予測できないですが、地球の地殻変動が主な要因のひとつとされています。

現代人は科学や文明の進歩でさまざまな環境改善に取り組んできて、より快適な生活空間を築いてきました。しかし大自然の猛威には、近代文明は無力であることを東北震災や大津波、そして福島の原子力発電所事故から、否応なしに事実として知ることとなりました。

江戸時代に仏像を彫りながら、諸国を歩いた円空《えんくう》上人は、いまの東北被災地を江戸中期に歩きました。江戸の初期慶長一六（一六一一）年八月に会津地方で大地震があって、会津若松城が倒壊したこと、一〇月二八日には三陸地方で大地震があり、その後に大津波が襲ったことが記録されています。当時、円空さんも津波被害があった東北を供養しながら歩いたのでしょう。

自然災害には人間は無力です。せいぜい逃げることが唯一の解決策です。だからこそ人々は日頃から宗教の力を借りて、神仏に日常の平安を祈ったのです。祈るという行為で己の中にある恐怖心を和らげ、未来の多幸を願い、死者も弔ったのです。

現実の生活苦はあっても、その奥底の生きようとする力を支え続けてきたのが信仰であり、人々の祈りであったのです。

怒りはカルマから

カルマ（karman）とは、もともとインドの言葉ですが、日本語で「業《ごう》」と訳されています。インド古来からの思想で、輪廻《りんね》の中で蓄積したその人の善悪の結晶のことです。仏教の心理学といわれる唯識《ゆいしき》では、意思や行為を意味するカルマは輪廻するとしています。

実は、そのカルマは私たち人類にも影響を与えているのです。

世界にはネガティブな意識作用が存在します。その最たるものは、戦争という破壊活動です。それは怒りによる行動です。そういう意識はまた次のカルマを作って、めぐっていきます。

日本が七〇年前にあれほど悲惨な戦争を経験して、多くの人が戦争に正義はないと信じて疑わなかったのに、最近の政治家や一部の人々は戦争肯定論を繰り広げています。人間のネガティブな因子がカルマとなって輪廻しているのです。したがって、戦争や殺戮《さつりく》の記憶がまた次の戦争や殺戮を繰り返して、世界的な平和がなかなか樹立できません。また地球の怒りは、地震や火山の爆発などで象徴されます。大自然の怒りがマグマの噴火などであるとすれば、人間の怒りにもマグマが潜んでいます。

マグマをどう発散するかが怒りの対処法でもあります。怒りは前述のように日常生活の不満や閉塞感、報われない感から来ているものもありますが、実は潜在的には「愛情不足」から来ていることもあります。したがって、その背後には悲しみが存在していることも多いのです。

悲しみによる怒りは「恋人や妻に愛されていなかった」からといって爆発し新聞の社会面をにぎわすような事件も起こしますが、潜在的には「親に愛されていなかった」「兄妹に愛されていなかった」「親戚や知人に愛されていなかった」「先生に愛されていなかった」「同僚や上司に愛されていなかった」「郷土や地域に愛されていなかった」という意識が影響していることもあります。

その「愛されていなかった潜在意識」が、「私は大事にされていない」「私をわかってくれない」「私は孤独」「私は不幸」……とエスカレートして、だから自分らしく振る舞っている人を見ると腹が立ってくる、という構図が生み出されます。

怒りが自分の中にあるうちは、その影響力はたいしたことはありません。しかしその怒りのマグマに悪意をもったスイッチが入ると厄介なことになります。その怒りを出さないと正常でいられなくなるのです。やがて自分だけではなく、周りの人々を巻き込んでしまい、しまいには人間的信用をなくしていき、まさに不幸な人生を歩むことになります。

ネガティブな感情や意思としてのカルマは今世で解決し、次代に残さないようにする努力が、仏教の精進《しょうじん》という言葉です。魂の回復力を発揮して、慈悲という善なるエネルギーを継続することが密教力なのです。

怒りの根っこは生育歴から――良子さんの場合

怒りの背景に「悲しみがある」と言いましたが、具体的にもう少し掘り下げてみましょう。ここである女性の例をあげて考えてみます。この事例は、私がたくさんの方のカウンセリング活動から総合して作り上げたもので、現実の特定される方ではないことをお断りしておきます。しかしどんな人間にもある程度共通する意識作用ですので、ご理解いただきたいと思います。

良子さんは、50代のキャリアウーマンです。若い時は海外経験もあって、帰国後はＩＴと広告関連の大手会社に勤務していました。しかし、男性上司との仕事に対する認識の違いから、だんだんそこで働くことに嫌気をさして、数年で会社を辞めました。そして東京都内で同じような業務をする小さい会社を創り独立したのです。

やがて彼女は持ち前の勤勉さと海外留学を活かしたセンスで、どんどん会社を大きくしていきました。従業員もはじめは数人でしたが、徐々に増えて、三〇人ほど雇えるようになって、成功間違いないと彼女自身も思っていました。ところが数年すると、次第に従業員が辞めていき、新しく補充してもすぐに辞めてしまうありさまです。

だんだんと仕事も入らなくなり、必然的に経営も行き詰るようになってきたのです。また若い時から気の合った人たちとサークル活動をしていましたが、そこでもトラブルを起こし、仲間をさんざん非難した挙げ句に結局は自分から辞めてしまったのです。彼女は自分の気に入らないことには聞く耳を持たず、自分のやりたいようにことが進まないと攻撃的になるというパーソナリティの持ち主でした。

良子さんは結婚をして子どもが二人いますが、だんだんと夫との意思疎通が悪くなって、二人目が生まれたあとに離婚しました。一時期、子どもは実家の母親に預けて仕事に専念していましたが、母親ともうまくいかず、結局保育園や私設の養護所で子どもを育ててあげました。彼女には自負がありました。それは仕事をしながらでも夫や親の世話にならずに子どもを育てたということでした。

しかしその子どもたちも成長するにしたがって、母親の威圧的な言動に耐えきれずに、結局は家を飛び出して寄り付かなくなってしまったのです。

良子さんは自分の仕事や人間関係がうまくいかなくなって、私のカウンセリングを受けました。何度かのやり取りの後で、自分に性格的な課題があることに気づきました。その良子さんに私から訊ねました。

私「どうして、あなたから他人が離れていくのでしょうね」
良子「私のきつい性格のせいだと思います」
私「それは、どうしてできあがったのでしょうか」
良子「私は兄が一人いました。幼い時に家業の商売が忙しくあまり親にかまってもらえた思いがないのです。父も母も忙しく、また父母は長男である兄のことをことさら可愛がって、私のことはいつも放ったらかしでした」
私「父母からあまり相手にされず、可愛がられた記憶がほとんどないのですね」
良子「そうなんです、なんでも自分でしないと叱られたし、歯を食いしばって、負けるもんか、という意地だけで大きくなりました」

私「その負けるもんか、という意地を自分だけではなく、他人にも強要してしまうのですね」
良子「そうなんです。だから従業員でも子どもでも夫でも、自分のことをちゃんとやらない人をみると無性に腹が立って、言動に出るのです」
私「つらかったですね。そういう自分をどう思いますか」
良子「愛されていないという寂しさや悲しさがあったと思います、それが他人に対する怒りに変化したのだと思います」
私「よく気づかれましたね。ではこれからどうしたいですか」
良子「遠くに行った子どもたちを近くに呼んで大事にしたいです……」

こうやって、良子さんは自分の生育歴をカウンセリングを通じて振り返り、心から反省して、もう一度身近な人を愛することから始めました。

いまでは子どもたちも近くに住み、会社も順調になっているということです。

私たちは物事の判断や決断は、過去の経験が記憶にあって、そのことを土台とした今の認識の下で行われています。ですから現実的に何度も同じような失敗や不幸な現象を作り出しているのです。もちろんどんな親に育てられても、ちゃんと成長できる人もいます。

もし過去の失敗や不幸な出来事を、これからは体験したくないと思うのであれば、自己の潜在意識に働きかけて、「過去を見つめ直して」「過去にこだわらない生き方と意思をつくる」と念ずることです。

そのためにも密教の生彩あるエッセンスをぜひ知ってください。

自分を見つめ直す

心理学では、人間の性格を生まれつきのものと、後天的に備わるものとの二つの要素で捉えます。育った環境や人間関係、つまり生育歴を検討し、それを再構成することによって、その後の人間関係に役立つことがたくさんあります。

いま若者が「相手がどんな人かわからない」と、人間関係がうまくいかないことを悩んでいるケースが増えています。結婚しない若者の話を聴いていると、相手の心をどう理解していいかわからなくて一歩を踏み出せない、それで関係性を築けない人が多いようです。

私はそんな若者男女におすすめしているのは、「相手を知るためにはまず自分を知ること」、すなわち「自己分析」をすることです。

自己分析には心理学でもいろいろな方法論がありますが、あまり難しく考えないで自己の生育歴を振り返ってみることから始めましょう。

ここで仏教の瞑想《めいそう》法が有効です。詳しくは「空の章」でお話しますが、簡単にいうと生育歴を見つめるには、書く方法と、瞑想的に心の中で行う方法があります。

書く方法は、まず自分の幼児期の家族関係を図式化してみることです。これはユング心理学では「家族布置」（ファミリー・コンステレーション）といいます。両親、祖父母を書き、自分の兄妹などの関係を描いてみて、それぞれが自分にどんな影響を与えたかを考えてみることです。

瞑想的に行うのは、一歳から五歳、五歳から一〇歳、一〇歳から一五歳、一五歳から二〇歳などと、順に相手の方との関係性を振り返ることです。たとえば母親を選んだとしたならば、その母は年代順に自分とどんな関係だったか。どんなことをしてくれたか。その行為にどんな思いを感じたか、どんなお返しができたか。などと詳しく思い出せるだけ関係性を吟味します。

そうやって自分の生育歴を客観的にみることによって、本当の自分を知ることができるのです。特に肉身に対しては遠慮がありませんから、わがままな自分の言動があったことを思い出します。自分を知ることを慎重にやっていくプロセスが、実は相手を理解することになります。

千光寺《せんこうじ》では、瞑想研修会を開いて、自己を見つめる訓練をしていますので、興味ある方はお問い合わせください。この訓練が男女のお相手を理解するための訓練となります。つまり相手との話し合いの中で、どんな幼児期を過ごしたか、どんな大変な目にあって大きくなったかなどと、相手の人生に共感することができるようになります。

これは、身元調査のような相手を尋問したりするようなことではなく、いろいろな会話を通じて相手の生き方や死生観を知るという大事なプロセスになります。単なるおしゃべりではなく、その方がどんなふうに育って来たかを、「意味のある経験」として、やりとりするというコミュニケーションなのです。そうやってお互いの距離が近くなって関係性が深まります。

若者はSNS（ソーシャル・ネットワーキング・サービス）だけで対人コミュニケーションをとろうとするならば、感情を出さなくても可能です。しかし、人間同士では目を見つめ合って対面することとの微妙な緊張感が大切なのです。SNSばかりでコミュニケーションをしていると、この大事な「人間まるごとや心の機微」を洞察する機能がどんどん失われてしまうのです。

そこでどうしたらいいかというと、「人間まるごとを包む密教の教え」を学ぶことをおすすめします。

2――無明の仕組みを知る

貪り、瞋り、痴の三大毒素を克服する

日常生活で自分を苦しめる迷いの種のことを仏教では「貪《とん》、瞋《じん》、痴《ち》の煩悩《ぼんのう》」と呼んで、自他を苦しめる三毒として戒めてきました。

この三毒をていねいに分析してみましょう。代表的な煩悩である「貪、瞋、痴」などを仏教では「無明《むみょう》」といいます。無明とはまさに、無知であり真実が見えなくなって、迷いの中にいる心の状態を言います。その無明をつくりだす要因に「貪、瞋、痴」や「コンプレックス」などがあるのです。

「貪」とはむさぼりで、欲望そのものをいいます。「瞋」は前述の怒りです。「痴」は真実を知ろうとしないことです。そうすると仏教の教えとしては「欲望をもたない、腹をたてない、真実を見る」ということになります。それでいいのですが、どうも息苦しい気持ちが残りますね。

「欲望をもたない人生なんてできるのかな?」ということです。人間の最大欲望は「食欲、睡眠欲、性欲」です。これのどれが欠けても人間存在と存続はあり得ないのです。仏教では

欲をなくせとまでは言っておりません。「執着しないでほどほどにしましょう」というのです。「飽くことを知らない欲望はさまざまな病気や災いをもたらしますよ」ということです。「貪」は飽くことを知らない欲望です。貪はむさぼりで「こうしたい、ああしたい」という原初的な欲求から始まっていますが、個人から組織などになると、社会的な課題がでてきます。

もともと貪欲は個人の意識から出発していますが、集団という組織で動きだすと、そこには個人の善意は入り込めなくなり、組織犯罪さえ生じます。

先ごろ日本の大手の電機メーカーであるT社が、不正会計を長く隠ぺいしてきたという報道がありました。その背景には「利潤増が絶対の目的」となって、役員、会社ぐるみでやっていたことが判明し、国際社会の批判にさらされていて、集団訴訟にも発展していこうとしています。

ドイツのV自動車会社でも、それまでの信用を失うような「排ガス基準の事実隠ぺい工作」が暴露され、あっという間に世界的なニュースとなりました。足ることを忘れ、自分たちだけが儲かればいいという欲望には大きなツケが回ってくるのです。

では、会社が利潤を追求してはいけないのか、欲望とはすべていけないのかというとそうではありません。ここで仏教は中道を説きます。中道とは偏らないことです。バランスよくほどほどにしましょうということで、極端に走らず、全体のバランスを図るという生き方です。欲を大きな向上心に変換して、生きることです。

私たちは日常的に常に選択に迫られています。しかし、その判断の仕方は片方が九〇パーセント以上になったから、そちらを選ぶというものではなく、片方が五一パーセントでもう片方が四九パーセントくらいのところで、物事を決定しているように思います。ですから、そのときの気持ちや全体の雰囲気が行動に影響するのが、日本人の特性でもあります。日本人は白黒はっきりしないで、グレーンゾーンでいるほうが居心地いいと思う人も多いのです。

密教では、儲けたお金を次の事業に使うだけでなく、社員をはじめ、社会貢献にも使って、大きい幸せをつくる「大欲《たいよく》」を教えています。

「瞋」とは怒りです。怒りは、自分の思いどおりにならないことから発生することが多いようです。しかしこの怒りのパワーを生きるパワーにするセルフコントロールで克服できるのです。

かのダライ・ラマ一四世は、一九五〇年代に中国のチベット侵攻によって聖地ラサを追い出されて、インド北部のダラムサラに亡命しました。その後、チベットにいる人々は、中国の漢民族化政策で虐げられ、民族独立を訴える人々は弾圧されてきました。

そのため、チベット人の多くは中国に対して根強い憤りをもっています。アメリカやイギリスを中心に世界の人たちも、これは人権問題であるとして、中国の姿勢を批判しています。その後、平和を訴えたダライ・ラマ一四世に対して八九年にノーベル平和賞が贈られたことに世界は賞賛しました。

そんなダライ・ラマ一四世は「相手（中国）に怒りの念を起こしてはいけない」と言います。なぜならば怒りの八〇パーセント近くは、相手がつくったのではなく自分がつくってしまっているからだと言います。不安もそうです。相手が怒っているから自分も怒るのではなく、また相手が不安だから自分が不安になるのでもなく、全部自分が怒りの対象をつくりだしている。すべては自分が想起した妄想による「痴」の作用です。だから欲も怒りも「慈愛を持って、自分でコントロールできる」と、ダライ・ラマ一四世は強調するのです

「痴」は、自己の憶測や妄想にとらわれて正しい判断ができないことを指します。現実的に私たちは勝手な思い込みや判断をしてしまうことで大きな苦しみを背負っているのです。一〇〇パーセント間違いのない人生なんてあり得ませんが、多くの人生苦は、自分の認識の違いで抱えてしまうことが多いのです。

最近はコンプライアンス体制やコンピテンシーなどで、「契約に沿っているかどうか」「責任の所在はどうなっているか」「管理に不備はないか」「個人のやる気はどうか」など、多くの組織で余計なトラブルが起きています。一つでもミスをすると、徹底的に相手をやり込め

て「負けた、勝った」などと優劣を決めたがる風潮にあります。しかし、その判断はまさしく一方に都合のよい認識であって、調和とはほど遠いものです。

私自身も、かつてある組織に巻き込まれ、一方的に不当な圧力を受けて大きな混乱が起き、つらい経験をしたことがあります。ではどうしたら正しい判断ができるかというと、自分を客観的に観察し物事を洞察する眼を養って、同じ過ちを繰り返さないことです。そして相手にさえも慈愛の念を送ることです。真実を明らかにすることも大事ですが、「つらい経験から英知を学びとること」によって、明日を生きることができます。

怒りは自分に対する攻撃

怒りのメカニズムも生理学的に解明されてきています。

怒りの感情は他人だけでなく、自己への攻撃でもあるのです。なぜならば、身体の細胞組織へ酸素を十分に供給しないまま、むしろ炭酸ガスという毒素を細胞へ運ぶことになるからです。この仕組みを説明しますと、私たち人間の身体は酸素を吸って、常に炭酸ガスを出しています。そして体内から空気中に放出された炭酸ガスは、すぐに化合して二酸化炭素になります。この二酸化炭素は植物が吸収して、光合成によって酸素を出します。これは中学生で習うことで、誰でも記憶にあるかと思いますが、今さらながら大自然の恩恵には感謝するところです。

さて「怒っている人の呼吸」に注目してみましょう。プンプンと怒りをあらわにしている人は、十分に呼吸しながら怒鳴っていますか?

深呼吸しながら怒鳴ることなどできるはずもありません。そうなんです、ここに大きな問題があるのです。つまり怒りの感情表出時は十分に酸素を吸わないまま、吐き続ける(怒鳴り散らす)という現象が起きています。これによって血液中の炭酸ガス濃度はみるみる高まり、自分の細胞にダメージを与えるのです。細かい血管が密集する脳細胞などは、徐々に機能不全に陥ってしまいます。

怒りは脳内伝達物質のコルチゾールなどを発生させ、脳の海馬《かいば》を萎縮させることが医学的に解明されています。海馬が委縮すると認知症になりやすいといわれています。怒りっぽい人は脳血管性や心臓、血液循環系統の病気になりやすい状況を自分でつくっているのです。長生きしたかったら、怒りをコントロールする術を覚えて、健康管理をしてください。

ここでも瞑想《めいそう》が有効です。瞑想については「空の章」で説明しますが、怒りが出た時には、ゆるめる瞑想とみつめる瞑想の併用が有効です。深呼吸を繰り返しながら「いま私は怒っている、いま私は怒っているのだな、いま私は誰々について怒っているという自分を発見している」などと、自分を客観視しながら、呼吸するのです。

これは最近はやりのマインドフルネス瞑想です。ほとんどの怒りはこれで一時的に納まります。ただ継続的に怒りが消えない状態の場合は、じっくりと時間をとって、省察することが大切です。その方法は、あらためて説明します。

無明の物語から抜け出す

実は、人間に起きる怒りや悲しみなどの無明は、自分が経験したことを土台として作ったストーリーによることが多いのです。

もう少しこのことを深く探ってみましょう。

前にも述べたように、人は生まれた時から育った環境でいろいろな体験をしてきました。悲しみの感情の多くは、過去のとても悲しい出来事を記憶しておいて、それが同じような体験が訪れた時にでてくるのです。

一方の怖れの感情の多くは、将来においてどうなるだろうかという未来に関係することが作用しているようです。悲しみは過去の失ったものに起因していることが多く、「また○○を失ったらどうしよう」という不安が支配します。私たちの「自分のもの、あるいは自分自身に関係すること」などの所有感も、思い込みによって生じることです。その思い込みとは真実ではないのです。

同じように「私が○○を信じている」という信念の中にも真実でないウソが入っているのです。生まれてから今日までのさまざまな体験によって蓄積された知識によって、日常のあらゆる認知と判断を忙しくしてしまっている「私」がいます。

物語には、ストーリー性とナラティブ性の二つの種類があります。一般には「そのストーリーはおかしいね」とか「あなたの人生のストーリーはそれでいいの」などと、なに気なく使っていますが、同じ物語でも本来は別の意味合いがあります。

ストーリーが、すでに「つくられた物語」であるとするならば、ナラティブは「もの語る行為」のことです。語るとは、自分の過去に意味づけをして目的意識をもって言語化することです。

過去の事実を変えることはできません。ですが、怒りのストーリーを書き換えて、「私は過去の経験からこのように意味づけします」「これからこんな生き方ができるかもしれない」という、正直な自己の語りによって、自分の感情や意識を修正したり発展させたりできるのです。そこで思い切って物語を変える、認知のゆがみを修正して無明を克服するには、論理療法と共通する密教の智恵が役立っています。論理療法とは心理療法の一つで、出来事や信念、結果を論理的に分析して書き換えていく手法です（一〇三頁参照）。世界の構造は、マンダラのシステムで説明できるという密教の論理は、人生の多くの難題を解決するのです。

縁を大切にする

無明を克服するには、智恵と慈悲を呼び起こし、欲望をコントロールすることです。その内的な力をつないでいるのが、「縁生《えんしょう》」です。仏教は不安を安心に転換するために、見えないところでつながっている「縁《えん》」の役割を説きます。つながりの意識が切れてしまっているから自分だけが不安で、自分だけが頑張らなければいけないといった極端な心理状態に陥り、孤独感と厭世観《えんせいかん》にさいなまれているのです。

この縁起《えんぎ》の教えは、かつて仏陀（悟りを開いた人）になったお釈迦様（釈尊）が、最初の説法で、自分を警護していた弟子たちに伝えたことなのです。「すべての現象世界は、縁によって成り立ち、縁によって起こり、縁によって終焉する」という関係性の真実を知るならば、私たちの周りに起こることもすべて縁によって意味があり、価値があるということです。

仏語に「本来無一物《ほんらいむいちぶつ》」という言葉があります。それは「人間は本来何一つ所有するものはない」という意味です。この私ですら永遠に私のものではないのです。そのことを無我、あるいは非我（私には非ず）といいます。この世で私の所有するものは何一つとしてないのです。

ただ、現実世界に生きる「私」は、自分の関係する事物を所有できる感覚でいます。私の仕事、妻、子ども、地位、名誉、財産は、実はすべてが「私のものではない」という真実の姿に気づくこと、それが「無所得《むしょとく》」の意味です。

仏教では、つながりを意味する「縁」があります。私たちはその縁を大切にして人生の修行をする関係性そのものなのです。その縁の働きをじっくりと観察するのが実践的な瞑想です。

自分の存在をマイナスに思う「ネガティブ思考」と、なんでもプラスに考えようとする「ポジティブ思考」があります。あなたはネガティブ思考は駄目でポジティブ思考が良い方法だと思っていませんか?

実はもうひとつ「健全思考」(healthy thinking)があります(一〇二頁参照)。これはネガティブ思考とポジティブ思考を超えて両方を大事にする密教的視点です。

現代は、科学信仰が横行し、「目に見えるものしか信じない」という人々は、宗教的とはいわなくても意識や精神世界を語る人々に対して、懐疑的な眼を向けがちです。しかし、実は密教が説くように、どちらも大事にしなくてはならないのです。

あなたは、宇宙の自転公転を誰が動かしているのか、と考えたことはありませんか? 私は少年のころに、夕暮れ時に明るい空にだんだんと夕べの帳《とばり》が降りるまでの移り行く空を見上げることが楽しみで、いつも「どうして空はこんなに変化していくのか」と不思議に思い、大空や宇宙に思いを馳せたものです。

天文学を学ぶようになって、宇宙空間と地球の関係を知りつつも、誰がそんな宇宙を動かしているのだろうかと不思議に思ったものでした。

「それは神様だ」と誰かが教えてくれましたが、人間を超えた存在を意味する「非人格的神」を想像することができませんでした。そのうち仏教のダルマ（法・dharma）という「宇宙的秩序」に出会いました。私にはその解釈のほうがすっきりと腑に落ちました。

3——人間も小宇宙

人間は五大というエネルギーからなる

仏教では「宇宙性のいのち」のことをダルマといい、普遍的ですべてのいのちを育むエネルギーとして、現代まで語り継がれてきました。

密教では、人間の五体（頭、首、胸部、腰、脚部）を、宇宙の五大《ごだい》と同等の集積体と表し、その五体を動かすいのちを「識《しき》」といいました。つまり人間は小宇宙であって、大きな宇宙と同じように造られているのです。昔から「五臓六腑《ごぞうろっぷ》」という表現をして、五という数字が重宝されてきました。

最近の遺伝子研究からも、人間の身体は六〇兆の細胞でできていて、宇宙にも六〇兆の天体、小惑星が存在するといわれています。つまり人間そのものが極大の宇宙と極微の身体との相関関係にあるというのが、「六大縁起《ろくだいえんぎ》」なのです。

したがって、私たちの身体はさまざまな条件やつながりとしての縁の作用で「生・老・病・死」を輪廻《りんね》し、転変して生き生かされているということがダルマの教えです。身体は自分自身のものだと思っていますが、何ひとつ自分の自由にはなりません。それが証拠に、いつまでも若くピチピチした身体でいたいと思っても、自分自身で加齢にストップはかけられません。誰でもが歳を重ねて、老化していくのです。

人間の身体は、一ヶ所にとどまることはできず、ダルマの法則の中でしか生きられないのです。その法則のことを「諸行無常《しょぎょうむじょう》、諸法無我《しょほうむが》」といいます。仏陀は「無常、苦、無我」という人間存在のありようを説き、そこから解脱《げだつ》する道を説きました。これが仏教の大道《だいどう》です。

しかし解脱という悟りの境地を得るのは簡単ではないのです。なぜなら、悟りを得るためには、その目的とする心境とはどういうことかを理解していないといけませんし、最も重要なことは、そういう直感力が今のあなたには備わっているかを知ることなのです。

でも、心配しないでください。その直観力を見出す方法が、密教にはあるのです。

五大に響きありとは、大自然の波動の力

日本で密教を体系づけた空海さんはたくさんの書を著わされていますが、その中でも悟りを目指すうえで、とりわけ大切なことをまとめた『声字実相義《しょうじじっそうぎ》』があります。その中で大師は「五大に響きあり」といっています。

どういうことかというと、「人間の五大（身体）も、自然界もすべて波動である」、つまりバイブレーションの動きをしているので、その身体に着目しつつ、悟りを目指す行《ぎょう》をすることだと教えています。

では、波動の力とはどういうものでしょうか。これも最近の身体力学や身体心理学の分野の研究成果から、これまで多くが謎であった身体と心の連関が解明されてきています。東洋医学、特に中国で発祥した「気功」は、人の健康が「元気、やる気、その気」などと「気の持ちよう」によって、左右されることを教えてきました。気功はそういう人の弱った意識作用を高めて、身体の生命エネルギーに影響を与えてきました。最近はアメリカから「身体心理学（ソマテック・サイコロジー）」という学問も入り、従来の「心身一如」を説いた東洋の思想が再評価されています。東西の医療を統合する「統合医療」が大学医学部に併設されて、ホリスティック（全体的、統合的）なアプローチがさまざまな領域で進展しています。これらの動きは、まさに密教の曼荼羅《まんだら》の考え方と類似するのです。

実は宇宙は精妙な波動で成り立っています。この理論は現代の宇宙量子論との関係もありそうです。量子論についても後述することにします（一〇八頁参照）。

ただ密教の波動力について現代的な解釈を加えると、「宇宙の波動に私の波動をコンタクトすれば、精妙で力強いエネルギーが私に入ってくる」ということです。実は宇宙の波動はすでに私の心身にパワーを与えており、その中で生かされているのが私です。

それを密教では「入我我入《にゅうががにゅう》」といいます。この意味については「空の章」で詳しく述べたいと思います。

五つのエネルギーは宇宙と直結

実は悩むことと悟りを求めることは別々のことではなく、表裏一体なのです。

すべて人は、こうありたい、このような自分でありたいという気持ちがうまく実現できないときに悩み苦しみます。そして実現した時には大きな喜びに包まれます。それは、ただ良いとか悪いとかということではなく、すべて仏陀が説いた縁という法則が働いているからです。その縁は、私という小さな生物体と宇宙ともつながっていると説きます。

密教では「六大縁起《ろくだいえんぎ》」といって、この宇宙は「地、水、火、風、空」の五大エネルギーと、「識《しき》」という意識レベルのエネルギーで構成されているとします。インド仏教（アビダルマ）

では、身体の機能を「四大色」として、地、水、風、火で説明します。もともと、五大はインド宗教（バラモン）の伝統的な考え方が出発となっています。

「地、水、火、風、空」は、それぞれ現在の宇宙や地球環境を構成する原理となるものです。どちらかというと五大は目に見える（可視的）物質的エネルギーを指し、現代的にいえば合理的、科学的視点で開発可能な分野です。それに対して、非合理的で科学的知見では解決できない領域をになうのが「識」の作用です。これは先ほども触れましたが、五大という宇宙の構成要素を動かしている「いのちのエネルギー」です。これは狭義では、人間の五大である身体を動かす意識作用でもありますが、真言密教では、物質的五大と精神的、機能的な五大は、ともに交じり合い、融合するものと解釈しています。

「地」とは地球などの生物の生きる大地のエネルギーですが、サンスクリット語のパタピー（pathvi）という原語は、物質的な固さや重さを意味しています。物理学には質量不変の法則がありますが、大地を構成する要素は変化こそすれ、増えたり減ったりするものではない安定したエネルギーなのです。

「水」は水溶液のことですが、原語ではアーポス（āpos）といい、これはつなげる意味です。水を使って、小麦をこねてチャパティ（パンの一種）を作れます。水は地の個体的エネルギをつなげて固めていく働きがあるのです。

「火」とは火力であり、熱のエネルギーですが、原語的にはテジャス（tejas）といい、熱さと冷たさ、変化させるというような意味があります。熱があるときだけが火ではなくて、熱がなくなった冷たさも火の働きなのです。しかも、熱のエネルギーはもともと何かと何かが擦り合わさって合成されるものです。化学式でも、たとえば酸素と水素が化合して、物が燃えて熱がでます。石炭、石油、ガソリン、メタンガス、原子力、太陽光、地熱などが主な熱エネルギーです。

「風」は、バーヨー（vāyo）といい、もともと引き離す、吹き消すような働きをいいます。科学的には風（空気）の中には酸素、窒素、水素、オゾン、炭酸ガスなどさまざまな要素があります。それらの要素を引き付けたり引き離したりするエネルギーが風なのです。

「空」はアーカーサ（ākāa）で、虚空を意味します。空に自由な空間があり、そして宇宙まで広がります。仏教では「空」はすべての執着を手放した境地を表す意味にも使いますが、ここでは宇宙空間を意味し、あらゆる天体的移動の空間の世界を指します。意識が広がって宇宙大に拡がることが悟りの境地にたとえられます。

アポロ宇宙飛行士が、大気圏に浮かぶ宇宙船内から「ここは上も下もなく、北も南もありません」とＮＡＳＡに伝えてきたメッセージを聴いた仏教学者が、「これは経典の中にあることだ」と言ったそうです。つまり宇宙という空間は、地上界と違って絶対視する方角もなく国境もなく、垣根を超えたとてつもない自由な世界なのです。

そのような宇宙の五大が存在し、人間の五大が大きく拡大し、宇宙と融合するのです。「六大は無碍《むげ》にして常に瑜伽《ゆが》なり」（『即身成仏義《そくしんじょうぶつぎ》』）と、空海さんが説明した意味は、五大はインド初期の物質的解釈ではなく、宇宙性のエネルギーをもった如来《にょらい》のパワーそのものということです。

その精神世界を段階的に解き明かしたのが、空海さんの『十住心論《じゅうじゅうしんろん》』（「風の章」参照）なのです。

4——大楽思想とは

「じわっと効く」顕教と「すぐ効く」密教

人間は宇宙と同じ構成だと理解できましたが、実は心・精神もつながっています。人間は怒ったり、泣いたり、わめいたり、沈黙したり、そのときどきの感情に支配されています。大自然の感情までは知り得ないですが、火山が爆発したり、地震が起きたり、津波が起きたり、河川が氾濫し山崩れが起きたり、最近の自然は怒ってばかりいます。

自然の怒りに反発して文句をいっても始まりません。人は不可抗力の自然災害は「仕方がないこと」と自覚していますから、ちゃんと諦めることができます。

では、人間の怒りはどうでしょうか？　諦めれば簡単に解決します。しかし現実はなかなか諦められなくて、苦しんでいます。それは、どうしてかというと、怒りを向ける対象が固定され、なんとか相手に影響を与えられるという思いが働くからです。つまり、そこに「恣《し》意《い》」という自分勝手な思いが働くからです。このことを仏教では隋煩悩《ずいぼんのう》といいます。

煩悩は一〇八つあるといわれています。大晦日の除夜の一〇八つの鐘は、一年間に造った煩悩を鐘つきの浄化作用で消して、新たな年を迎えるという行事です。しかし、煩悩は一〇八つばかりではありません。

仏教の心理学でもある「唯識《ゆいしき》」では、煩悩には怒り、愚痴、葛藤、闘争心、嫉《ねた》み、妬《ねた》み、憎悪などありとあらゆる苦悩があることを教えています。意識には「眼識、耳識、鼻識、舌識、身識、意識、末那識《まなしき》、阿頼耶識《あらやしき》」の八識があり、煩悩は眼識から身識までの五識から末那識に集まります。末那識は普段はおとなしくしていて心の深層に潜んでいますが、ひとたび欲望の火種が燃えると表に出てきて、その人間を支配します。ですから、末那識は誰しもがもっている煩悩なのです。それが動き出すことによって、苦しむのです。なぜかというと本能に直結する煩悩だからです。無明《むみょう》という灯りがない世界をさまよっている状態なのです。

では煩悩は解決できないのでしょうか？

解決する方法は、末那識のもう一つ奥というか深層にある阿頼耶識を働かせて、その末那識をコントロールすることです。阿頼耶識の中心は、悟りを求める菩提心《ぼだいしん》です。顕教《けんぎょう》では、この阿頼耶識を活用して生きることを教えてきました。それが「ゆっくり、ていねいに進む善なる道」です。したがって即効性ではなく、永く修行をして、「じわっと効いてくる生き方」なのです。

それに対して、密教は「煩悩をもったまま、菩提心を全面に出して生きる」という即効性を強調しています。苦しみを消すという発想ではなく、苦しみを突き抜ける、あるいは超えて生きると言ったほうがいいかもしれません。意識転換のワザなのです。

「ええー、そんな生き方はできるのか？」と思われる読者も多いかと思いますが、そのわけをこれからお話していきましょう。

小欲から大欲へ

無明の説明で言い忘れたことがあります。それは、貪欲、怒り、無知を向上心という生きるエネルギーに変えることが、密教的生き方だということです。

先に「欲のコントロールが大切」と述べましたが、そのことを、密教の立場でもう少し積極的に解釈してみたいと思います。顕教の解釈おいては「小欲知足《しょうよくちそく》」をモットーにつつましく生きることを重視します。そして最終的には、あらゆる執着を手放して、自由な境地の涅槃《ねはん》に至ることです。

密教はどうかというと、最終の涅槃や解脱《げだつ》も目標にするということは同じですが、その方法に違いがあります。どうするかというと、欲をもっと積極的に活用する「大欲《たいよく》」という考え方です。

密教寺院で毎日唱えるお経の一つに『般若理趣経《はんにゃりしゅきょう》』があります。このお経は、人間の生きる本能にも光を当てている経典です。その中に「大欲清浄句是菩薩位……」という一文があります。「大いなる欲をいただくことはとてもすばらしいことで、菩薩の境地に至ることである」という意味です。これはまさに大楽《たいらく》思想であり、自分さえ良ければいいという小さな我（小我）ではなく、他者の幸福をも願える大いなる欲、すなわち大欲をもつことは大いに自他を活かすことにつながることと教えています。

小欲を大欲に昇華することが密教の教えなのです。

日常的には、周りのことにも心を砕くことです。たとえば毎日ご飯を食べるときに、「自分が食べたいものを食べよう」と選択して食卓につくことができる私たちがいます。しかし、そこで少し瞑目《めいもく》し、「世界には一食すら口に入らず、毎日のように餓死する子どもたちがいる」ことを思い、その子どもたちのためにも平安を祈りつつ自分の置かれている今を感謝して食べること――これが日常でできる大欲です。

合掌とは、自分のいのちと他者のいのちに手を合わせて、その尊厳性を祈ることです。祈りは、行《ぎょう》です。祈りはパワーをもたらします。祈りは、自己を宇宙の波動につなげる実践的行動なのです。すべてをまるごと包み込む意識が、密教ライフの訓練になります。

密教を国づくりに

チベット密教と同じ宗教を国の柱にしているのがブータン王国です。ブータンは、一九七六年に当時の四代目国王が「国民総幸福量（GNH：Gross National Happiness）は、国民総生産よりも重要ある」という理念を提唱しました。これは、単に経済開発国を目指すのではなく、国民の幸せを増やすことを国の使命としようというもので、GNP（国民総生産）を重視してきた先進国に、大きなメッセージを投げかけました。

ブータンが提唱したGNHは、四つの目標があります。①健全な経済成長と開発、②環境保全と持続的な利用、③文化、宗教の保護と振興、④良い統合です。

「世界幸福地図」では、なんとブータンは第八位にランクされています。日本は二五位で、国民の幸福度は、経済大国の日本よりもずっと高いのです。

つまり人々の幸福感と経済社会の発展とは必ずしも一致していないということです。幸せ感は、社会の現象と無関係ではないのですが、実は私の心の中にあって、その心のあり方に大事なヒントが隠されています。幸せ感は、いまを生きる人の見えない感覚の中にあるのであって、日常の生き方に直結します。

幸福が物質的数値では測れないことは、後に量子論で説明することと符合します。

水の章

密教で怒りのエネルギーを転換する

1――福島への支援で学んだこと

東日本大震災を経験した私たちは

二〇一一年三月一一年、未曽有の大地震と大津波によって、東北沿岸の多くの街や村が大波に呑まれ、おびただしい人（警察庁の二〇一五年三月現在報告で二万六〇〇〇人）が尊い生命を失いました。

科学信仰にどっぷり浸かり、原子力発電は安全でクリーンなエネルギー源と信じて疑わなかったわれわれ日本人は、発災後に、その平和ボケの頭をハンマーで叩かれるような衝撃を受けました。私もその一人でした。

当初私は、阪神・淡路大震災後の支援活動を思い浮かべながら、これから自分に何ができるかと、悶々としながら東北被災地のＴＶ報道にくぎ付けになっていました。予定されていた本業（千光寺《せんこうじ》住職）のお彼岸行事は、どうしてもキャンセルできないので、それを終えた後に支援活動の準備を始めました。

まずは被災者の食糧支援となる保存米の勧募《かんぼ》や募金活動を飛騨の地元で、托鉢《たくはつ》という戸別訪問をしながら行いました。千光寺の麓の檀家さんたちも真っ先に協力してくれて、一週間の間に、米四〇〇キログラム、生活用品、義援金二〇〇〇万円余が集まったのです。それを自家用車とトラックに乗せて、ガソリンが手に入る日本海側を北上したのは四月五日でした。

福島には原発事故で入れないという状況で、まずは同門である宮城県大崎市にある弘法寺の大坪龍勝師を訪ねました。ようすを伺うと弘法寺は庫裏《こり》、本堂にも被害がありながら、そこは高野山真言宗の災害対策本部前線基地になっていて、あわただしく人の出入りがありました。そこで被災地の情報を収集して、仙台を起点に海岸線を北上しながら、岩手県釜石市、大槌町まで移動しました。途中の知り合いや行政機関に精米や義援金を配布していましたが、当初はまさに被災地を転々としながら、到着したところで米や義援金を渡しては、次へと移動するという手探り状態でした。

しばらくして、兵庫こころのケアセンターが、阪神の震災以後に「アメリカ国立PTSDセンターおよびアメリカ国立子どもトラウマティック・ストレス・ネットワーク」が出版した『サイコロジカル、ファーストエイドの実施の手引き』の和訳本を入手したので、それを参考にしつつ、被災地での心のケアについてのあり方を学びました。

そこには、「まずは被災者に近づくこと、そして安心を提供すること、余計な詮索やアナウンスをしないで、ひたすら傷ついた心に寄り添うこと、自分の分を超えた活動はしないで専門家へ引き継ぐこと、宗教的ケアにも配慮しつつ、押し売りしないこと」など重要な項目があります。いうまでもなく、目の前の人の尊厳性を重視した活動です。

岩手や宮城は、現地での支援ネットワークが樹立されていたので、不定期的に連絡を取り合いながら、結局は平成二八年三月までに、傾聴ボランティア活動など五〇回以上通うことになりました。

また今回の災害支援には、多くの宗教者が現地に出向いて活動をしました。僧侶が遺族に依頼されたわけでもなく、ひたすら海岸で読経する僧の姿が報じられ、それを見た多くの遺族が、手を合わせて同調されたのです。それらの出来事は多くの地元新聞（河北新聞）などで報道されました。

阪神・淡路大震災のときも、いち早く僧侶が火葬場に出向いて、お布施を頂かない善意の葬儀を繰り返し行っていました。この時に私も支援活動に参加しました。しかしこれらのことは、あまりメディアに取り上げられることはありませんでした。神戸の震災のすぐ後に、オウム真理教による地下鉄サリン事件が起こり、宗教に対する世間の厳しい批判の眼も影響したと思います。

東北の場合は、大切な家族が亡くなって、心身も魂も壊れて、張り裂けるようなスピリチュアルな痛みは、従来の精神科医療、心理カウンセリングだけでは癒されるものではありませんでした。そこでは伝統的な祈りや供養行為という宗教による癒しが、大切であったとする報告も寄せられていたのです。

東北という伝統的文化の継承された地域においては、宗教に対する考え方は都会とは異なった反応があったようです。

福島の人々の願い

東京電力福島第一原子力発電の事故以来、しばらくは福島へは入れなかったのですが、二〇一二年になって、福島支援の機会が訪れました。私が非常勤講師をしている京都大学大学院医学コミュニケーション学分野の岩隈美穂准教授から、同じ大学院環境衛生学分野の小泉昭夫教授が企画している福島県川内村での復興支援・調査プロジェクト「帰還加速のための放射線と健康に係る住民理解促進事業」に参加しないかと誘われたのです。

願ってもないご縁を感じ、すぐに参加を承諾し、専門のスピリチュアルケアという分野で計画に加わることになりました。しかしこの原発事故被災地においても、どのように現地と関係性を構築すればよいかは、手探りでした。ようやく連携が可能となった村の保健師、猪狩恵子さんと、住民ニーズや課題を解決するような心のケアプログラムを共同で計画して実施することになったのです。

そのプログラムとは傾聴、講話、音楽療法、瞑想《めいそう》療法でした。

福島原発事故は、それまで原発事故を想定していなかった現代人に、深い影を落としました。特に支援活動で訪問することになった原発被災地の人々は未来への絶望的な展望に直面しました。いままで信じてきた大自然への安心感が奪われてしまい、住んでいた土地は危険な場所になってしまったのです。耕地も使えなくなり、人々は故郷を捨てざるを得なくなりました。

また、時間が経てば経つほど、個々の課題やニーズは大きく多様に異なってきているのです。それまで、予想だにしなかった被爆した郷土の現実と、そこで生きようとする人々の苦悩に出会うことによって、支援する側のわれわれも多くの教訓をいただきました。

原発の隣接地域は事故前までは、過疎地の生き残り施策として、原発誘致によってそれなりに多くの経済的補助で潤ってきた背景があります。それは福島原発だけでなく、全国の原発建設地域に同じような構図があります。

しかし、今回のような原発事故によって事情は一変しました。福島第一原発の西に隣接する川内村の村民三〇〇〇余人は全村避難を余儀なくされ、二〇一二年に帰村宣言をしたものの当時は五五〇人しか村に戻らなかった現実があります。

その後も除染作業や行政の帰村活動で、二〇一六年三月現在、帰村者は六〇%まで増えています。しかし、事故前と比べても五分の三しか帰村できていない現状があります。しかも帰村した人の多くは年配者であって、若者は極端に少ないのです。これでは村の将来ビジョンを描くうえでさまざまな困難が予想されます。

原発事故は、福島の人々に大きな影を落としました。多くの方がいまだに故郷へ帰れないで避難地や仮設住宅、借り上げ住宅に住んでいます。さらに追い打ちをかけるように事故がまだ収束していないにもかかわらず、日本政府や電力会社は経済成長を錦の御旗にして、休止している他の原発をベースロード電源として、再稼働させる動きを見せています。

これらの国や電力会社の動きに、立ち上がれないほどの大きな絶望感をもっている国民も少なくありません。もはや今の日本はどうしても原発に頼る生き方しか選べないのかという諦め感があります。選択すらできない絶望感が被災地のみならず、日本国中を暗雲のごとく覆っているように思えます。

福島原発事故の重い課題

私の住んでいる岐阜県飛騨高山には、原子力発電所はありません。しかし西隣りの福井県にはなんと一四基もの原発があります。もしその一つでも事故で爆発などでもしたら、美しい飛騨美濃の山々や、伝統的な文化をもつ高山さえも、三時間以内で放射能に汚染され、何年も、もしかしたら永久に住めない場所になります。自分の県に原発がないから安心などといっておられません。日本中が原発だらけで、福島県だけが特別ではないのが現実です。私は、福島原発事故以来、何度も福島へ足を運びました。そこでは避難した人、放射線量が下がったことを確認して避難先から戻って住んでいる人、自分たちの住んでいたところの線量がなかなか下がらずに避難先で生活をし始めた人など、故郷の変わり果てた姿に絶望している人々とお話をしてきました。

実は震災をきっかけとして、福島県浪江町から飛騨高山に、一家で移り住んで生活を再建されている五十嵐浩子さん一家がいます。五十嵐さんは、福島第一原発から五キロ圏内に家があって、事故が起きるまでそこで家族五人で幸せに暮らしていました。しかし、原発事故後に、インターネットで検索して、飛騨高山で行政が支援している空き家を見つけ、家族全員でやってきました。事故が収まったら、すぐにまた、ふるさとの浪江町に帰るつもりだったのです。

やがて高山で被災者の支援活動を通じて、私と知り合うことになりました。何度かの交流後に、五十嵐さんは当時を思い出し振り返りながら、こんな手記を寄せてくれました。

当時を思い出して、一番に思うことは「自分の無知さ・浅はかさ」です。

揺れが収まり、早い段階で職場から帰宅できた私は防災無線を聞きながら家の片づけをしていました。

五キロ先の海沿いの地区に大津波が襲ってきていることも、たくさんの命が奪われてしまったことも知らずに「今日はどこで子供たちを寝せようか」「明日は職場の片づけ大変だな」と考えていました。この段階で、ＴＶなどで情報を知っていれば微力ながらも何かできたのではないかと後悔しています。

原子力発電所は安心・安全だからと、二、三日で自宅に帰れることを疑わずに情報をちゃんと集めないまま、町の指示に従い高線量の地区へ避難したこと、一五年間、姉妹のように連れ添ったペットたちを乗せるスペースがなく自宅に置いてきたこと（のちに愛護団体さんに保護していただきました）、なんであの時、こうしなかったのだろうと後悔は挙げればきりがなく、けれどその大半は事前に物と心を備えていれば防げたものでした。

この体験を伝えることが、震災後にいただいたたくさんのご恩にお返しすることにならないだろうかと思い、家族と、時間の許す限りお声かけをいただければ震災の体験と防災の大切さについてお話をさせていただいております。

プロの講師ではないので毎回拙い話になってしまうのですが、それでも子供たちに「命の大切さについて学べました」と言ってもらえ、大人の方々にも「防災用品をそろえ家族とも話し合います」とわかってもらうことが出来ました。

平成二九年に、私の住んでいた浪江町の家では暮らせるようになる見込みです。しかし、福島原子力発電所が一〇キロ先にあります。事故の状況も解明されておらず、核燃料が今どうなっていて、どのようにして取り除くのかもまだわかりません。

故郷の復興を願わないわけではありません。けれど無理やり復興につなげていく今の復興ビジョンでは、私は故郷に子供を連れて帰ることは不可能だと感じております。

福島県では一時は二〇万人以上の避難者がいましたが、平成二八年六月現在でも、約九万人の方が帰宅困難で、ふるさとを追われている現状があります（ふくしま復興ステーションHPより）。このなかに五十嵐さん家族も入っていますが、同じように故郷を思いながらも、ふるさとを失って悲しい絶望的な気持ちで生活をしている人々が、こんなにもたくさんいることを忘れてはいけないのです。

原発に頼らない生き方

今から五〇年も前に、当時の経済成長とはまったく異なる説「スモールイズビューティフル」（小さいことはすばらしい）を世界に向けて唱えた、E・F・シューマッハ（E・F・Schumacher, 1911~1997）という経済学者がいました。シューマッハは物質至上主義と科学技術の巨大信仰を痛烈に批判しながら、体制を超えた社会秩序を訴えたのです。

そしてその中で、原子力に頼る経済思考の危険性も論じています。さらに彼は、「仏教的な観点にたった経済学」を提唱しています。シューマッハの「スモールイズビューティフル」の生き方は、今後の人類が選択すべき道の一つであると思えます。

エコフィロソフィ（Ecofilosofy）という「暮らしの中の哲学」を提唱している間瀬啓允氏（『エコロジーと宗教』）は、自然環境に関わる近代思想においては、感傷的な自然把握をしたためエコロジカルな問題を人の生き方、思想、モラルなどの問題と結びつけなかった背景から、次のような提案を試みています。

・自然を支配するという考えを捨てて、自然との共生という考えに転じること。
・自然における生命の位置を見定めて、全体に生命中心のエコシステム的な考えに転じること。
・質を重んじる生活、金では買えない非物質的な価値を尊重する生活に転じること。

地球環境をこれ以上破壊しない生き方とは、平和的なスピリチュアリティに気づくことですが、さらに具体的な態度や行動が求められます。これは私自身が福島支援活動から学んだ大きな教訓です。

2——円空仏による癒し

福島の円空展で被災者の思いをつなぐ

二〇一五年一月二七日より、四月五日まで福島県立美術館において「飛騨の円空《えんくう》—千光寺《せんこうじ》とその周辺の足跡」と題して、一〇〇体に及ぶ円空仏展を開催しました。

この展覧会の背景には、福島民友新聞創刊一二〇周年記念という節目もありましたが、二〇一三年の東京国立博物館での東北震災犠牲者への鎮魂と復興を願って開催された円空展には一九万人もの来場者があったことが大きな引き金となりました。

開催には私の個人的な想いもありました。それは震災以降に支援活動をするなかで、岩手、宮城に続いて、福島県双葉郡川内村や南相馬市などを訪問し、多くの方との出会いのご縁に恵まれたことです。村人との心の交流をする中で、かつての東北の村々を歩き、人々に寄り添った円空さんとの共時性を強く感じたのです。

二〇一五年年一月二六日の、県立美術館内で開催された開会式においてテープカットと開会挨拶をされた内堀雅雄知事は、原発事故への対応とその復興施策を語られつつ、「県民の心の安寧に円空展の開催を期待したい」と述べられました。同日、来賓席に座った国島芳明高山市長も、最大限の協力を惜しまないとのエールを送られました。福島での円空展は、そういった内外のさまざまな人の総意と願いを結集して開催されました。

内堀知事の英断で、小学生、中学生、高校生の入館料を無料扱いにしたことで、多くの子どもたちが円空さんに逢うことができたことも幸いして、期間中に三万五三〇五人の入場がありました。

祈り——円空展のアンケートから

展覧会参加者のうち、会場出口に設置したアンケートには一〇〇〇名もの方が回答してくれました。その中の自由記載に記述のあった二二六名分の回答について、類似したテクストを集め、カテゴリー化をして、参観者の動向や意識調査をさせていただきました。

アンケート分析の目的は、震災による被害の中で「飛騨の円空—千光寺とその周辺の足跡」展を鑑賞した人が、どのような内的経験をし、どのような心的変容につながったかを明らかにすることでした。アンケートの結果からは、

①会場の雰囲気＝会場は薄暗く、木の香りがして、森を意識させる。混雑しておらず、展示もゆったりしている、

②ライブ感＝本物は迫力がある。暖かさ、優しさ、やわらかさ、力強さをじかに感じる、

円空仏「ヒンズル」

③微笑みの円空仏＝笑みに癒される。素朴で親しみやすい。ダイナミックで元気を与えてくれる、
④木・自然・素朴＝素朴な木彫りに、優しさや慈愛を感じる、
⑤円空さん＝円空さんの優しさや祈りが伝わってくる、
⑥異時間・異空間＝先に亡くなった両親に会ったような気がする、
⑦苦しみと癒し＝東日本大震災だけではなく、さまざまな苦しみや悩みが癒される、
⑧自分を見つめる＝心静かに仏様に向かい、自分を見つめ直す、
⑨伝える＝仲間に、孫に、若い人たちに展覧会の良さを伝えたい、
の九つのカテゴリーを抽出しました。

参観者は、実物の、木像の、微笑む円空仏を鑑賞することによって、祈りを込めて彫った僧円空とその仏像に思いをはせ、四〇〇年の時を行き来したようです。人々の苦しみに寄り添い続ける円空のような存在に共感し、その交流が癒しにつながり、さらに自分を見つめ直すことにつながったようです。会場の照明や配置、静かさなどの舞台装置も大事な役割がありました。さらには仲間や家族、次世代に伝えることで、心洗われる経験が完結することが示唆されたのです。

円空さんは、飛騨千光寺や各地の聖地で密教の修行をしました。多くの人生苦に遭遇した

人々と交流した円空さんの慈愛の忿怒像《ふんぬぞう》が、いまの福島の人々を癒しているのです。

日本人の死生観を理解する

東北だけではありませんが、日本人の宗教観の根底には、基層文化思想があります。基層思想とは縄文弥生から日本に脈々と連綿する思想です。歴史学者の岡村道雄は『縄文の生活誌』で、「古代人は草木、動物から雨、風、火、水にいたるまで、あらゆる自然物、自然現象や、人工物である道具や家・建物・水場などの施設にも精霊が宿ると考え、その威力を崇拝するアニミズムがあった」と説明しています。これらを崇拝する気持ちを具体的な儀礼として表わす行為には、日を決めて神と人との交渉を具現する儀式である祭りがあり、古代人の生活に祭りを通じての祈りが密接な役割を果たしたのです。

さらにその祈りのもつ意味は、森羅万象に生命、精霊が宿ると考え、神格化した、あるいは人と同等な生き物に畏敬の念を持ち、その心を静め、災いを避けるためでした。

アニミズムという基層思想は、その後には神道や仏教と融合し、日本人独自の精神構造を作り出しました。アニミズム（animism）はイギリスの宗教学者E・タイラー（E. Tylor, 1832~1917）の『原始文化』によって示された宗教意識ですが、魂、霊魂（アニマ）があらゆる生き物の実体としてあるいのちとして解釈され、日本では「汎霊説」「精霊信仰」といわれます。

それは樹の中に精霊や仏を感じるだけでなく、「エネルギー、気、非人格的ないのち」というマナイズム（manaism）のいのち観があり、やがてアニマティズム（animatism）という生きている現象に崇高なスピリチュアリティやいのちを感じる精神性にまで発展します。

作りおく　千々の御影の　神なれや　万代迄の　法《のり》のかげかも

この円空さんの歌に、密教的な曼荼羅《まんだら》の物語を伺い知ることができます。目に見える仏として仏像を刻《きざ》みつつ、その背後には、不可視的な仏としての法身仏《ほっしんぶつ》を観ずるのです。それは密教の瑜伽行《ゆがぎょう》（七七頁参照）による瞑想の境地なのです。

ダルマ（法）という根源的ないのちとの統合を果たし、宇宙の心が大自然を通じていのちの言葉を、人々は空や海、森の声として感ずるのです。そのことを密教では「法身説法《ほっしんせっぽう》」といいます。円空さんは、どこまでもこの覚りの境地を目指していたのでしょう。

3——怒りの仏が人間を昇華させる

密教では怒りの仏がいる

日本に仏教が伝わったのは、五三八年または五五二年ともいわれています。いずれにしても朝鮮半島や中国大陸との交易のなかで伝来したもので、百済の聖明王《さいみょうおう》が仏教をもたらしたことが『日本書紀』などに書かれています。日本に伝わった仏教は飛鳥、そして奈良の都で栄えます。日本における仏教の社会慈善事業は、六世紀中頃から行われ始めました。

奈良時代から平安初期の時代における、人々の仏教信仰を描いたとされる景戒《けいかい》の『日本国《にほんこく》現報善悪霊異記《げんほうぜんあくりょういき》』には、看病をする僧とその平癒を祈る僧の姿が記載されています。

当時の法律である「医疾令《いしちりょう》」には、七一七（養老元）年に僧による医療が行われ、看病比《び》丘《く》（僧）や看病比丘尼《びくに》は、病気の治療だけではなく、病気の治癒を祈る行為も看病として行っていたことが記録されています。つまり病人のために飲み薬を施し、身体をケアし、時には祈るという仏教的なケアが行われていたことがわかっています。

そして人々が祈った奈良仏教の仏さまには、聖観音《しょうかんのん》や薬師如来など、慈愛をもった仏像が多くあります。それは当時の人々に仏の救済を説いて、生活苦の中でも心が安らいで生きることが大事だと考えた聖徳太子の後ろ盾があったからです。

太子は「日本社会事業の父」と呼ばれ、五九五（推古天皇三）年、四天王寺に病人や貧民を救済する四箇院《しかいん》制度を創建したとも伝わっています。太子は当時の朝鮮（高句麗）から渡来していた慧慈《えじ》から仏教を学び、仏教を生きる心の拠りどころとし、よく学び、やがて七一八（養老二）年には、具体的なケアする場として興福寺に「施薬院《せやくいん》、悲田院《ひでんいん》」、法隆寺に「療病院《りょうびょういん》、敬田院《きょうでんいん》」などを敷地内に建てて、そこで病人や貧窮者を手厚くケアしました。

つまり、日本で最初の養老施設、ホスピスはこの時代に建てられたということになります。身体的ケアと精神的ケアが、一三〇〇年も前の日本で粛々と実践されていたことに私たち現代人は注視すべきです。

ところが平安時代になると、政権闘争や自然災害などが顕著になって、人々は安らぎが保てなくなり、社会不安が蔓延《まんえん》します。奈良仏教の影響を逃れるように、都は長岡京、平安京と場所を移していきました。新しい都づくりを目指した桓武天皇は、新しい思想を求めていました。そこに大陸から新しい仏教を運んできた空海さんや最澄《さいちょう》さんがいました。新しい都が求めたものが密教にあったのです。

空海さんの運んできた密教には「怒りの仏」がいました。

それは曼荼羅《まんだら》の中に登場する明王《みょうおう》や天部《てんぶ》の仏たちです。具体的にいえば、不動明王《ふどうみょうおう》、愛《あい》染明王《ぜんみょうおう》、軍荼利明王《ぐんだりみょうおう》、降三世明王《こうざんぜみょうおう》、金剛夜叉明王《こんごうやしゃみょうおう》（五大明王）などです。天部では広目天《こうもくてん》、多聞天《たもんてん》、持国天《じこくてん》、増長天《ぞうじょうてん》などの四天王などです。他にもたくさんの怒りの仏像がもたらされて、人々は圧倒されます。

現代では当たり前のように、お寺の門番もしている仁王像《におうぞう》（金剛力士像）などは、もともとあったのではなく、空海さんがもたらした密教に登場するものなのです。

怒りや無明を慈愛に転換する忿怒像

忿怒尊《ふんぬそん》といわれる密教の仏像は、どうしてあんなに怖い顔をしているのでしょうか？

ここに人間の心を悪から善に大転換する密教のワザがあります。私たちは日常で怒りが顔に出ると、怖い顔になります。目やまゆ毛を吊り上げ、赤ら顔で口先にも力がこもります。また身体全体は緊張して固くなり、握りこぶしが振り上げられます。ちょうど寺の山門などで見かける仁王像を思い浮かべてください。

仁王像は門番ですから「悪い心を持つ者や悪事を働く者はここから入れないぞ」とにらみを効かしているようですね。その姿をみると「ちょっとおとなしくしていよう、心を清らかにしようかな」と思うでしょう。

密教の忿怒尊はその働きと同じです。つまり怖い形相は、内側に憎しみを持っているので

毘沙門天像（千光寺所蔵）

はなく、実は慈愛を持っているのです。

たとえば、子どもが車の怖さを知らないで、車道で遊んでいたとします。向こうからトラックが猛スピードで近づいてきます。子どもたちは遊びに夢中になっていて、トラックが近づくことに気づきません。そこでそれを見ていた大人の男性が、怖い形相をして「コラーッ。そんなところで遊んでいては危ないぞ、早く道路から出ろ」と怒鳴りました。

この時その男の人は、子どもたちが憎くて怒鳴ったのではありません。生命が危ないと子どもを思う愛情で怒鳴ったのです。

密教の忿怒尊は、同じように衆生（人間）に対する慈愛の表現なのです。私たちはときどき、悪の想念にさいなまれ、本来の善なる自己を失ってしまいます。だから、その生き方を自覚してもらうべく身体表現をもって教え諭すことが目的なのです。

密教の曼荼羅《まんだら》図では、さまざまな仏の配置によって真理を伝えようとします。三輪身《さんりんじん》（自性《じしょう》、正法《しょうほう》、教令《きょうりょう》）という教えがあって、それぞれが如来《にょらい》、菩薩《ぼさつ》、明王《みょうおう》という役割に配置されています。金剛頂経《こんごうちょうぎょう》をもとに描かれた金剛界の曼荼羅で見ると、如来界の五仏は、中央に大日《だいにち》如来、東方は阿閦《あしゅく》如来、南方は宝生《ほうしょう》如来、西方は阿弥陀《あみだ》如来、北方は不空成就《ふくうじょうじゅ》如来です。菩薩界では、それぞれの方位に般若《はんにゃ》菩薩、金剛薩埵《こんごうさった》、金剛蔵王、文《もん》殊《じゅ》・観音菩薩、金剛牙《こんごうき》菩薩が配置されます。そして明王部では、不動《ふどう》明王、降三世《こうざんぜ》明王、軍《ぐん》荼利《だり》明王、大威徳《だいいとく》明王、金剛夜叉《こんごうやしゃ》明王がそれぞれの方位に配置されています（胎蔵界《たいぞうかい》など曼荼羅については七八頁以下参照）。

つまり、密教ではすべての宇宙の真理を顕す中心は、大日如来のいのちそのものであり、仏像のすべてはこの大日如来の化身と考えているのです。それで、この変化する仏の姿を理解する考えの一つに「法身《ほっしん》、報身《ほうしん》、応身《おうじん》」の三身仏があります。

法身とは、法というダルマのことで、宇宙そのものの真理を意味します。したがって法身大日如来というと、宇宙そのものが法身仏であるという考えです。報身とは、修行という実践を積みその報いとして成った仏で、たとえば阿弥陀如来《あみだにょらい》などです。応身とは、教えを現実に実践した釈迦牟尼仏《しゃかむにぶつ》（お釈迦さま）を意味します。チベット密教では高僧ラマもこの応身仏、活仏として信奉されます。真言密教の特徴が、法身大日如来の説法とすることなのです。

仏教がインドから大陸を通じて伝播する過程で、たくさんの仏像を説明するためにいろいろな解釈が生まれました。

京都東寺の五大明王

京都駅の南に弘法大師とご縁の深い東寺（教王護国寺《きょうおうごこくじ》）があります。その伽藍《がらん》にある金堂は平面の曼荼羅を立体曼荼羅として仏像が配置されています。その中に先述の五大明王が鎮座しています。明王はすべて忿怒尊ですが、特に有名なのが不動明王です。

あなたは不動明王という仏像を見たことがありますか？

黒い顔で、人間を威圧するような威厳で目をカッと見開いて（左は半眼）、ちょっと怖くて、手を合わせて「すみません」と言ってしまいそうになりますね。

不動明王は頭上に小さな蓮の花を載せているのをご存知ですか？　なぜ、蓮の花を頭に載せているかわかりますか。

実は仏教では、蓮の華は仏の世界を表す象徴です。頭上に載せているのは、その仏の世界から降りてきて、より人間に近いところで活動する仏（明王）であることを意味します。不動明王は右手に剣をもち左手に縄をもっています。その剣は利剣といって、人を切る刻むための物ではなく、人間の煩悩を智恵の剣で断ち払う働きがあります。

また左手の縄を羂索《けんさく》といって、罪人を縛り上げる縄でなく、ついふらふらと悪の道に進みそうな凡人を、正しい道まで導いてくれるという縄なのです。これも善の綱になります。

したがって、大日如来の化身といわれる不動明王こそ、乱世というか厳しい現象世界で、力強く生きるために衆生を導くという「慈愛の仏」そのものなのです。日本各地に祀《まつ》られている「〇〇不動」は、その土地に人々から信奉された強い信仰があるのです。

降三世明王は、もともとはインドの神話などに登場するのですが、密教では大日如来が姿を変じて、三千世界や過去・現在・未来の三世界を打ち勝つ仏とされています。先ほどの三身では阿閦如来の意を汲んで、衆生の煩悩を打ち破るために忿怒の姿をして、右足で大自在《だいじざい》天《てん》のシヴァ神を、左足でその妃を踏みつけて強い力を表しています。

軍荼利明王ももともとヒンドゥー教からきていますが、宝生如来の化身で三面八臂《さんめんはっぴ》という姿で、右手に三鈷《さんこ》、拳印《けんいん》、施無畏印《せむいいん》をして、左手に金剛杵《こんごうしょ》や金剛鉤《こんごうこう》などをもっています。

大威徳明王は、阿弥陀如来の化身として「死と終わり」を超える救済の功徳を説きます。姿は六面と六本の手足で弓矢や金剛杵を持ち水牛の上に乗って救済活動をします。金剛夜叉明王は、「金剛杵をもつ夜叉」という意で不空成就如来の化身として、一切の悪と三世（過去・現在・未来）のさまざまな欲望・悪を金剛杵で打ち砕くとされています。もともと、夜叉とは魔神でしたが、大日如来によって、善に目覚め仏の働きをする役目をもちます。顔が三面で腕が六本で、中央の顔には五つの目があります。手に金剛杵、五鈷杵《ごこしょ》、金剛鈴《こんごうれい》、弓・矢、宝剣と宝輪を持ち、二つの蓮華座に跨《また》るように立っています。

五大明王とは別に有名なのが、愛染明王です。愛染明王は、弓と矢をもっています。西洋でいうキューピッドとよく似ています。名称から推測すると「愛欲に染まる明王」となりそうですが、実はこの仏は「愛欲の煩悩《ぼんのう》を離れて大欲の境地まで引き上げる」という深い意味が込められているのです。

真言宗の寺院にはこの愛染明王と不動明王が本堂の左右に祀られることが多いのですが、その理由は、不動明王が胎蔵界の最高の明王であるとすると、愛染明王は金剛界《こんごうかい》の最高明王に値するということだからです。

人間の本能ともいうべき情欲や愛欲をどう解決するか。仏教の大きな課題です。男女の愛欲を否定しては、子孫の繁栄も種の保存もできません。そこで登場したのが愛染明王という欲望をコントロールするワザをもった仏です。

これらの忿怒尊は、人間の本能を否定することなく密教の教えと修行を通じて、行動化できるように伝えたものなのです。煩悩は人間にとって避けることができないもので、大いなる怒りは大いなる歓喜を表し、ネガティブなエネルギーを瞬時に健全なるパワーに変換する役割を果たすのです。

密教寺院で、毎日読誦される般若理趣経《はんにゃりしゅきょう》にも「愛欲清浄句是菩薩位（男女の愛も清らかな菩薩の位である）」と説いているのです。煩悩を否定しないで、そこから仏の境地に昇華するという凡夫から仏心の成長の可能性を強く表現しています。

奈良の穏やかで静かな癒しを求める仏教の仏では、平安時代の度重なる内戦や天変地変を重ねていくうちに積もった怒りの処理ができない状態になっていました。

空海さんは、悪や怒りに染まる人間本性を見据えて、人々を善なる世界へ導くために、中国から密教の忿怒尊を導入したのです。これによって、怒りなどの無明《むみょう》の煩悩を仏の慈悲まで昇華する方法を日本に伝えたのでした。

密教では、煩悩を持つ人間に光をあて、その心境の大転換のことを「煩悩即菩提《ぼんのうそくぼだい》」といいます。

火の章

密教思想で発想を大転換する

1——密教と弘法大師空海

密教とは

　ここで密教について解説をしていきたいと思います。本書の最初でも少し触れました、現代の社会の課題のすべてを密教で解決できるとはいえません。しかし、近代文明に慣れ親しんだ現代人にとって、密教はその難しいと思われる課題に対して、新たな示唆を与えてくれるものではないかと思います。そこにはまさに発想のコペルニクス的転換ともいうべき世界観があるからです。

　では、その密教とは何でしょうか。やや理屈っぽくなりますが、最低の基礎知識ですのでお付き合いください。

　密教は「秘密仏教」の略になりますが、決して何もかもベールに包んで見せないという意味ではありません。私はこの密教とは、「深い密度をもった悟りの秘宝をもつ教え」と解釈しています。つまり人間が悟るという自覚作用は、文字で簡単に表せない深遠な意識状態であり、表現が難しい心の宝の世界であるということです。

　たとえば、シュークリームを食べたことのある方は、目の前になくてもその甘さや触感を思い出して、おいしさの感動を再現することができます。しかし、これまでシュークリームを食べたことのない人に、そのおいしさをわかってもらえるように言葉で説明するのは至難の業です。

これと同じように、密教の悟り（仏の教え）の奥深さを単なる言葉では説明することが難しいという意味で「密教」というのです。

伝統的には密教は、マントラ・ヤーナ（Mantra-yāna）、ヴァジラ・ヤーナ（vajra-yāna）と呼ばれ、その定義は、「密教とはインド大乗《だいじょう》仏教の最終段階において展開された神秘主義的・象徴主義的・儀礼主義的な傾向の強い仏教」とされています（松長『密教』）。

つまり、密教はインドに起こった仏教の中でも神秘的で儀礼を重んじる仏教であるといえます。昔から仏教は小乗《しょうじょう》仏教（南方上座部仏教）、大乗仏教という分け方をしてきました。その密教は、第三番目のとらえ方がされて金剛乗《こんごうじょう》とも言われてきました。その密教はまた大きく前期密教・中期密教・後期密教に分けられます。前期密教は主にインドからチベットに伝わったチベット密教などが有名です。日本には、インドの八世紀に起こったものが主体で、中国を経て韓国から中期密教が伝わりました。

前期密教と中期密教と後期密教

密教には、成立過程から初期、中期、後期とそれぞれ大きな理論体系がありますが、ここでは世界の密教を理解するために、前期、中期、後期に分けて簡単に比較してみたいと思います。

インドでの前期密教は、①「除災招福」を目的として、②修行形態としては「印契《いんげい》・真《しん》言《ごん》・観法《かんぼう》」がそれぞれ独立して存在し、③教えとしては「仏説を主張しつつ現世利益《げんぜりやく》」を説きます。また④起源としては「アーリヤ系と非アーリヤ系」があり、⑤「釈迦如来の説法」を基本としています。

中期密教では、①目的となるものは「悟り（解脱《げだつ》）」であり、②修行形態としては「身体、言葉、心」を一体化した三密行《さんみつぎょう》であり、③教えとしては「大乗仏教の理念が象徴化」されたもので、④「仏、菩薩《ぼさつ》、明王《みょうおう》、諸天《しょてん》の曼荼羅《まんだら》が修行や儀礼のための霊的道具」で、⑤「真理そのものの人格化」した法身説法《ほっしんせっぽう》の教えであると伝えています。

後期密教では、性的なエネルギーを修行に持ち込みました。タントラ仏教ともいわれました。後期密教では、聖なるものと俗なるものは不可分として、空の思想も取り込みました。これはネパールやチベットに受け継がれていきました（正木『密教』）。

そして中期密教の流れである日本では、さらに天台宗の密教を「台密《たいみつ》」といい、京都の東寺に拠点があった真言宗の密教を「東密《とうみつ》」と呼んでいます。密教経典は主に中国から伝来するわけですが、江戸時代には、空海さんのように大日経《だいにちきょう》や金剛頂教《こんごうちょうぎょう》の両部をまとまって持ちこんだ密教を「純密」といい、いろいろな方法で伝来した密教を「雑密」などと呼んで区別する見方もでてきました。

密教が顕教《けんぎょう》と異なる特徴は、空海さんの『弁顕密二教論《べんけんみつにきょうろん》』に、①法身説法（大日如来《だいにちにょらい》の境界を説く宇宙性）、②果分可説《かぶんかせつ》（悟りそのものの不可思議の言説を超えた法仏の自内証《じないしょう》）、③三密加持《さんみつかじ》（三密瑜伽《ゆが》の三摩地に入って、具体的活動をする）、④速疾《そくしつ》の成仏《じょうぶつ》（成仏の速疾）、⑤教益《きょうえき》の優《ゆう》（優れた方便の多様性、衆生済度への多様性）とあります（生井『密教自心の探求』）。詳しい内容は、少しずつ説明していきますが、特に顕教の戒に比べて密教の「三昧耶戒《さんまやかい》」が独自なものです。三昧耶とは、サンスクリット語で瞑想《めいそう》的な静慮、普遍的な心境を意味する言葉です。

いずれにしても密教は、仏教の中でも呪術的、神秘的な傾向があって現世利益を重んじる教えといえます。しかし今日、真言宗や天台宗などの密教以外の仏教である顕教の宗派、たとえば臨済宗、曹洞宗、法華宗、浄土宗などでも、節分やその他の縁日でさまざまな祈祷法要が組み入れられています。これはすべて密教的のやり方ですので、日本仏教の多くも密教を取り入れているといっても過言ではありません。

神道系でも、密教の護摩《ごま》祈祷などを取り入れた「神道護摩」などを実施しているところも少なくないのが現状です。神道は純粋な日本宗教と思っている方もいますが、密教の影響を受けている神社も少なくありません。

以前に奈良の天河《てんかわ》神社の宮司《ぐうじ》さんと一緒に、大峰山の南側にある弥山《みせん》に登り、頂上付近にある奥宮弥山で「神道護摩祈祷」に参列したことがあります。

このように日本の文化や習俗には密教の教えや儀式が影響して、深く関わっていることが理解できます。

密教と弘法大師と高野山

日本の真言密教の中心は何といっても高野山です。弘仁七（八一六）年に高野山という修行道場を開いた弘法大師空海（七七四―八三五）はとても有名です。平成二七年はその高野山が開創して、ちょうど一二〇〇年という記念すべき年でした。

四月から五月半ばまでの五〇日間の記念法要には、全国からなんと六〇万人もの人が参拝されました。団体参拝が多かった昔と異なっているは、個人でしかも若い人たちの参拝が多かったということです。

高野山金剛峰寺《こんごうぶじ》がときどき東京で開催する「高野山カフェ」にも若い女性が殺到するようになり、聖地巡礼としても静かな高野山ブームが起きています。

弘法大師空海像（千光寺所蔵）

空海さんが高野山を開いたのは、日本の国の安泰を祈る「鎮護国家《ちんごこっか》」と瞑想座禅をする「修禅観法《しゅぜんかんぽう》」の道場を建てることが目的でした（『性霊集《しょうりょうしゅう》』巻9）。

その理由は高野山が、都から離れた静かな場所であること、山や森が蓮の花のような絶景地にあること、水が澄んできれいで修行の場所としても平地があることでした。蓮八葉の形状の峰に囲まれた高野山内には、十谷《じゅったに》と呼ばれる水の湧き出るいくつもの谷があります。西院谷、南谷、谷上、本中院谷、小田原谷、往生院谷、蓮華谷、千手院谷、五之室谷、一心院谷です。いまもケーブルで登り切った高野山駅から南海バスが山内の各所を回って参拝客を運びますが、そのバス停に谷の名前が使われているところもあります。

かつて高野山には大小の寺院が一〇〇〇ヶ寺もあったと言われています。ちょっと大げさですが、「山の正倉院」といわれて国宝・重要文化財を収蔵する「高野山霊宝館」には江戸時代に描かれた高野山内の寺院配置図があります。それをみると十谷に点在する大小の院坊がひしめき合って、さながら大都市の住宅地を思わせるような賑わいがあります。

現在は参拝した人が宿泊できるような門構えの大きな寺院は五三ヶ寺もあって、多くの善男善女を受け容れています。そのほかの小さな院坊を集めると、なんと高野山には現在一二〇も塔頭《たっちゅう》寺院（大寺院敷地内の小寺院・別坊）がひしめき合って建っているのです。

その高野山では空海さんの教えに従って、開創当時からさまざまな伝統行事が連綿と続いています。まさに真言密教の聖地として、高野山内には幼稚園から大学院までの教育機関や専門的な僧侶修行の道場がたくさんあります。

また、明治以降は、太政官符（政府）の指令によって、僧侶の肉食妻帯が許されると、高野山上にも僧侶以外の一般人も住むようになって、のちに観光地としても有名になりました。特に二〇〇四年、熊野と並んでユネスコの世界遺産に指定されてからは、外国人の参拝客も多くなって、文字どおり国際観光都市になったのです。

2――曼荼羅と瞑想

真言密教の教え

高野山を開いた空海さんの密教を真言密教と呼びます。空海密教という人もいるくらいで、日本の精神文化に大きな影響を与えました。

空海さんは、書の優れた嵯峨天皇、橘逸勢《たちばなのはやなり》と並んで「日本三筆」の一人として有名ですが、生涯にたくさんの書籍を著わしました。代表的なものをあげると『三教指帰《さんごうしいき》』『弁顕密二教論《べんけんみつにきょうろん》』『即身成仏義《そくしんじょうぶつぎ》』『声字実相義《しょうじじっそうぎ》』『秘密曼荼羅十住心論《ひみつまんだらじゅうじゅうしんろん》』『秘蔵宝鑰《ひぞうほうやく》』『般若心経秘鍵《はんにゃしんきょうひけん》』『吽字義《うんじぎ》』などの密教の専門理論書だけでなく、『聾瞽指帰《ろうこしいき》』『風信帖《ふうしんじょう》』など国宝の墨書もあり、『文鏡秘府論《ぶんきょうひふろん》』、『性霊集《しょうりょうしゅう》』など中国の文学理論書や重要な論書を編集したものもあります。

まさに天才空海なのです。ここではそのすべてを解説する紙面の余裕はありませんので、それぞれの専門書を参考にしてください。

空海さんが説いた真言密教の中心となる教えが「三密行《さんみつぎょう》と三密加持《さんみつかじ》」です。三密とは身密、語密、心密です。身体と言葉と精神作用を統合して修行することが三密行なのです。その身体と言葉と精神作用の行《ぎょう》を通じて到達する目標が「即身成仏《そくしんじょうぶつ》」です。即身成仏に至るまでの修行の総称を「三密加持」といいます。

「即身成仏」とはインドで大乗《だいじょう》仏教を展開したナーガールジュナ（龍樹《りゅうじゅ》菩薩）が著したという『菩提心論《ぼだいしんろん》』にある言葉で、密教の中心的な教えとされています。そこには「父母から生まれた肉身のままで、速やかに大いなる仏の境地を得ること」が説かれています。

もともと仏教という言葉も「仏に成る教え」であり、成仏《じょうぶつ》を目的としています。密教もそこに注目しましたが、「永い長い修行を経て仏になる」のではなく、この身をもって「生きているうちに仏になる」教えなのです。

三密加持の修行法は、「手に印契《いんげい》を結び、口に真言を誦しつつ、意（心）は精妙な世界に入って、仏と融合一体化する」ことです。この融合する意識や精神性のことが「入我我入《にゅうがにゅう》」

（仏が我に入り、我が仏に入る）という観念です。つまり瞑想《めいそう》的心境において実現する世界で、その瞑想のことを「瑜伽行《ゆがぎょう》」といいます。瑜伽行とは、密教の経典である大日経《だいにちきょう》の「五字《ごじ》厳身観《ごんしんかん》」や金剛頂経《こんごうちょうぎょう》に説く「五相成身観《ごそうじょうしんかん》」などにあるように、「地、水、火、風、空」の五つのエネルギーを自身に感じつつ、そのまま宇宙大まで広がる合一融合的心境になるための瞑想法のことです。そのことを先の『菩提心論』の原文には次のようにあります。

凡《およ》そ瑜伽観行《ゆがかんぎょう》を修習する人は、当《まさ》に須《すべか》く具《つぶさ》に三密行《さんみつぎょう》を修して、五相成身《ごそうじょうしん》の義を証悟すべし。言う所の三密とは、一に身密《しんみつ》とは契印を結び、聖衆を召請するがごとき是れなり。二に語密《ごみつ》とは、密に真言《しんごん》を誦して文句をして了了分明《りょうりょうふんみょう》ならしめ、謬誤《びゅうご》無きがごときなり。三に意密《いみつ》とは、瑜伽に住して白浄月の円満に相応して菩提心《ぼだいしん》を観ずるがごときなり。

密教では、三密行という瑜伽行の宗教的生活の始まりから目的までの心を三種の菩提心として、灌頂《かんじょう》の儀式で授けてもらいます。これは先の三昧耶戒《さんまやかい》ですが、三種とは①行願《ぎょうがん》菩提心（密教修行と願意を起こすこと）、②勝義《しょうぎ》菩提心（密教の優れた教義を顕すこと）、③三摩地《さんまじ》菩提心（肉身をもって、仏の境地を実現すること）です（金岡『密教の哲学』）。

菩提心とは悟りの心を意味するのですが、『大日経』（住心品《じゅうしんぼん》—三句の法門）によれば「菩提心ヲ因ト為シ、大悲《だいひ》ヲ根本ト為シ、方便ヲ究竟《くきょう》ト為ス」として、菩提に向かう心とすでに備わった菩提そのものの心を、大悲（大いなる慈悲）と方便（さまざまな方法）を用いて、実践修行することが、真言密教なのです。

曼荼羅のメッセージ

瞑想による覚りの内証《ないしょう》世界《せかい》をイメージできるように表象的に図版によって顕したのが曼《まん》荼羅《だら》です。まさに瞑想の道具として描かれたものです。大日経を中心に描かれた曼荼羅を「胎蔵界《たいぞうかい》曼荼羅」、金剛頂経《こんごうちょうぎょう》をもとに描かれた曼荼羅を「金剛界《こんごうかい》曼荼羅」といいます。もと「輪円具足《りんねんぐそく》」の意味をもち、世界のすべてを表したものですが、マンダとは「本質」の意味があり、ラという接続語をつけて「本質を得るもの」という解釈になります（正木『密教』）。

密教では、六大説の宇宙本来論を説く一方、宇宙の形相論として一切の現象の諸法を四種類の「大曼荼羅、三昧耶《さんまや》曼荼羅、法曼荼羅、羯磨《かつま》曼荼羅」によって、説明します（「四曼説」）（金岡『密教の哲学』）。

大曼荼羅は、仏の世界を円輪と正方形を基盤に、左右対称形の多用をもって平面に図画され、表現されたものです。数え切れないほどの仏たちが乱舞する曼荼羅世界は、さながら極楽浄土をイメージさせます。

高野山には国宝になっている曼荼羅があります。それは平清盛が自らの頭部に利刀をあて、そのにじみ出た血液を曼荼羅の中心の赤色に塗り完成させたと伝えられる「血《ち》曼荼羅」というものです。それは畳十帖もあるような大きなもので、いまでも檀上伽藍《がらん》の金堂の内壁の左右に掲げられています。

全国の密教系寺院には、必ずこの二つ（両部）の曼荼羅が、本堂かその他のお堂に祀《まつ》られていて、そこで僧侶や信者は密教の瞑想修行をするのです。

この曼荼羅のシステムこそ、宇宙のシステムであり、現代においては総合的機能をもつスピリチュアルな作動システムといえるものです。

密教瞑想とは

さきに密教瞑想を瑜伽行といいましたが、具体的には阿字観《あじかん》や月輪観《がちりんかん》があります。阿字観は梵字《ぼんじ》の「阿《あ》」を観て瞑想することで（詳しくは一四三頁）、月輪観とは「月輪（月）」のような丸い円を観て瞑想することです。密教では瞑想のことを観法という言い方をして、一般座禅と区別しています。実は阿字観だけが密教瞑想ではありません。

瞑想は、もともと仏陀が悟りを得るための精神統一の方法でしたが、それが仏教の実践と

胎蔵界曼荼羅

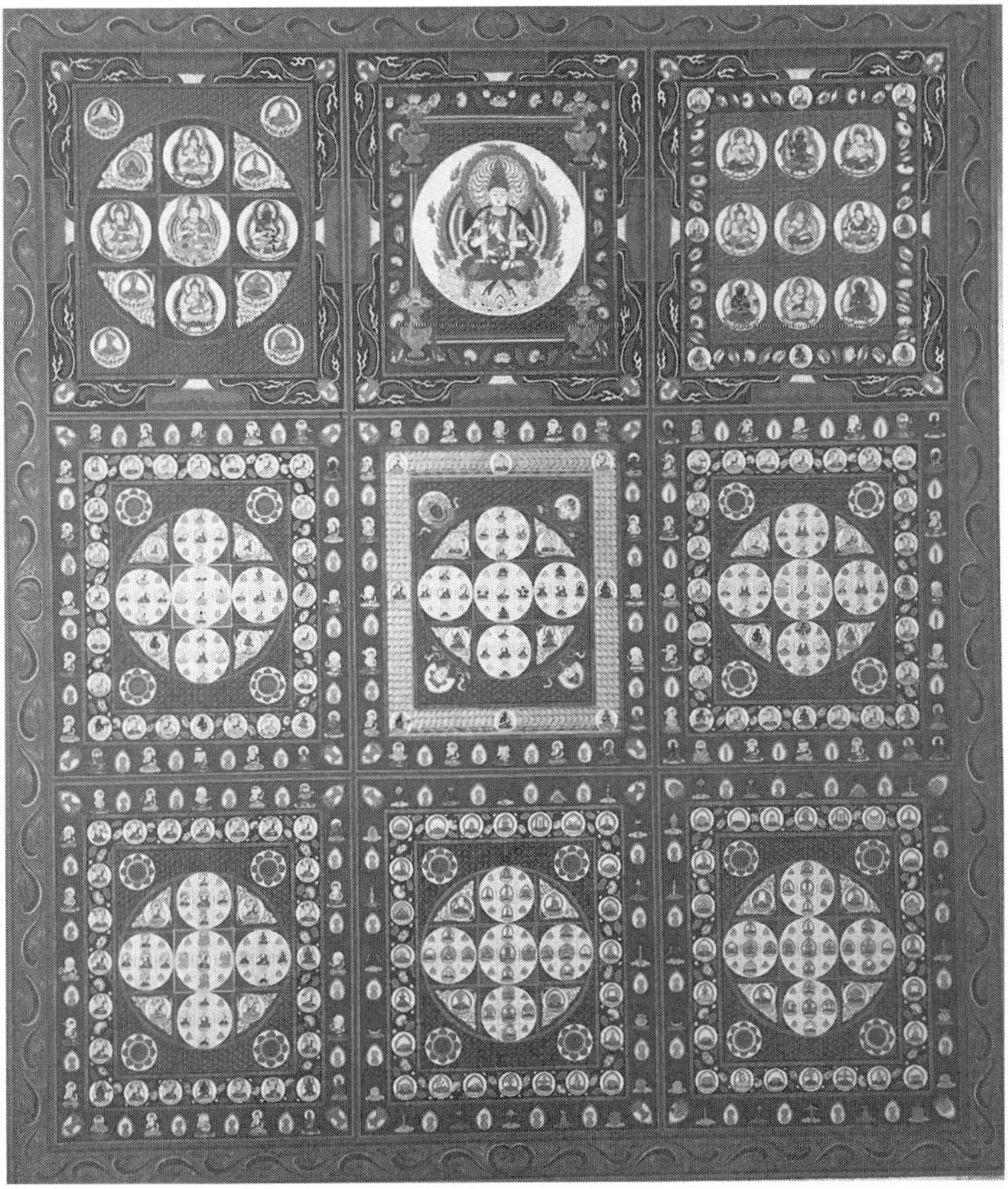

金剛界曼荼羅

して後世に伝わったものです。初期仏教では、一点集中して心を落ち着かせる「シャマタ瞑想」や自己の心を観察・洞察する「ヴィパッサナー瞑想」などがありました。インドに発生したヨーガ（yoga）の影響も受けつつも、のちに密教では瑜伽行として、あらゆる機能をもつ瞑想法を確立していきました。

護摩《ごま》を焚きながら瞑想することを「護摩修法《ごましゅほう》」といいます。護摩法も内護摩《うちごま》と外護摩《げごま》との二種があり、実際に火を焚いて観法するのを外護摩といい、火は焚かないで己の下腹部で火を焚くようなイメージをして、内的エネルギーを高める瑜伽行を内護摩といいます。

また曼荼羅を観て瞑想することを「曼荼羅瞑想」といい、仏と相応する瞑想を「入我我入観」などといいます。これらの密教瞑想法は、初期の仏教瞑想よりも心身の機能を高めるもので、意識をより積極的に活用する高度な瞑想法でもあります。

密教瞑想の要は、先に説明した菩提心《ぼだいしん》を高めていくことです。私は「臨床瞑想法」という、対人援助やケアの場面で活用するための瞑想法を京都大学で研究し、「ゆるめる瞑想、みつめる瞑想、たかめる瞑想、ゆだねる瞑想」の四つの瞑想メソッドを開発しました（詳しくは、「空の章」参照）。

インド初期仏教やマインドフルネス瞑想は、どちらかというと「ゆるめる瞑想、みつめる瞑想」に属します。密教瞑想は、「たかめる瞑想、ゆだねる瞑想」とも言え、積極的で健全思考をもたらすものです。密教瞑想までを習得することが、現代人にとってより具体的に「生きる価値」を獲得することになります。

3——五官の機能を研ぎ澄ます

密教パワーをいまに活かすには

先ほど、密教は五大《ごだい》といって身体を五相のエネルギーで構成することに触れました。地大、水大、火大、風大、空大です。弘法大師はこれに「識大《しきだい》」を加えて「六大《ろくだい》」としました。この五大は五輪塔《ごりんとう》と同じ意味をもちます。五輪塔は高野山の奥の院にたくさんありますが、近くの密教寺院へ行けば見ることができます。

『般若心経《はんにゃしんきょう》』では「色即是空《しきそくぜくう》」といって、目に見える世界を色、目にみえない世界を空と呼んで区別しつつ、それは対立するものでなく、「而二不二《ににふに》」の一つの世界として描きました。「色心不二《しきしんふに》、心身一如《しんしんいちにょ》、煩悩即菩提《ぼんのうそくぼだい》」などという表現も、対立しそうな考えが実はとても密接な関係にあることを意味しています。

色とは物質を意味し、空とは空性で、すべてが実体性を超えているという意味があります。したがって、「色即是空、空即是色《くうそくぜしき》」の超訳は、「目に見える世界も目に見えない世界も、とも同じだよ」となります。たとえば氷や水は目に見えるけど、水蒸気は目に見えない。でも同じH_2Oという水分には変わりないのです。

さらに、「不生不滅《ふしょうふめつ》、不垢不浄《ふくふじょう》」は、「本来生まれることも死ぬ（滅する）ことも、汚いこともきれいであるという認識も、人間のつくった妄想であって、循環の法則のように、不変のものである」と、超訳できます。

また、『般若心経』では、体の感覚を認識するプロセスの重要性も述べています。たとえば、ここにみかんがあるのを見たとします（色）。みかんがあると受け止める（受）、おいしそうなみかんだなと思った自分がいる（想）、食べてみようと行動する（行）、食べてみたらおいしかったとわかった（識）。このように色、受、想、行《ぎょう》、識というのは、一連の感覚と意識過程です。

色とはこの身体を意味し、心は意識を意味します。近代科学はそれを分けて考え、分析してどんどんかけ離れさせてしまったのです。したがって、現代人の心と体はバラバラでまとまらず、いろいろな不調を来たしています。

心身一如とは、バラバラになった身体と心をもういちど統合して考えることです。最近はそのことを「ホリスティック」と呼んで、身体、心、環境の統合が健康や社会生活に大事だといわれるようになってきました。

六大に関する属性と内容　（金岡秀友『密教の哲学』1989、p76）

六　大	種　字	字　義	性　徳	業　用	形　式	顕　色
地　大	a　阿	本不生	堅	持	方	黄
水　大	va　縛	離言説	湿	摂	円	白
火　大	ra　羅	無垢塵	煙	熟	三角	赤
風　大	ha　訶	離因縁	動	長養	半月	黒
空　大	kha　佉	等虚空	無得	不障	団	青
識　大	hum　吽	了義不可得	了別	決断	種々形	種々色

五大の相応する意味をまとめた表があります（表参照）。

六大は単なる形の意味だけでなく、表象された世界は、「六大法身《ろくだいほっしん》」という宇宙性を表しています。

以上のまとめとして、空海さんの『声字実相義《しょうじじっそうぎ》』で説明しておきます（カッコ内は著者意訳）。

五大《ごだい》に皆響《ひび》きあり

（地、水、火、風、空はそれぞれ波動をもち、曼荼羅《まんだら》宇宙の波動とも連動している）

十界《じっかい》に言語を具す

（仏界《ぶっかい》、菩薩界《ぼさつかい》、縁覚界《えんがくかい》、声聞界《しょうもんかい》、天界、人界、阿修羅界《あしゅらかい》、畜生界、餓鬼界、地獄界のそれぞれに通用する言語表現がある）

六塵《ろくじん》悉《ことごと》く文字なり

（五官で把握した色、声、香、味、触、法の感覚的世界も文字で説明できる）

法身《ほっしん》は是れ実相《じっそう》なり
（声も言語も感覚機能もすべて、宇宙性を説く大日如来《だいにちにょらい》の真実である）

人間の五体も宇宙の五大とつながっているとみるのが密教です。五大を理解するには、まず五官の機能を再確認してみましょう。

五大における五官の力を高める

六大を理解するために、身近な身体との関連で見てみましょう。身体の機能や感覚から五大を認識することができます。私たちの体には眼、耳、鼻、舌、身、意という六つの感覚器官があります。眼は視覚、耳は聴覚、鼻は嗅覚、舌は味覚、身は触覚です。意はこれらを意識することをいいます。そして、これは私たちが体と心で知っていく世界だと説いています。実際に私たちは、「眼識・耳識・鼻識・舌識・身識・意識」という五感六根を働かせて生きています。しかも、『般若心経』は「最終的には、このような五感六根の領域の認識作用は絶対なものでなく、空性である」と言い切っています。

これら五官から対象を認識する先に述べた作用のことを五取蘊《ごしゅおん》（色、受、想、行、識）といいます。仏陀の説いた教えは、この五取蘊から生じる煩悩《ぼんのう》を手放すことでした。したがって、

『般若心経』では、これらに対する思索を含めて「五蘊《ごうん》は空なり」とし、「私も空性ですから、五蘊そのものもまた空である」と解釈します。空とは、とらわれから解放された静寂な心理状態を表します。

では実際に、「眼で感じる、耳で感じる、鼻で感じる、舌で感じる、体で感じる、意識で感じる」とはどういうことなのでしょうか。密教は煩悩の元である「五官」をどう克服せよと言っているのでしょうか。

眼は口ほどにものをいう

「眼は口ほどにものをいう」という諺《ことわざ》があります。これは、言葉を出さないけども目が言いたいことを表現しているという意味ですね。人間の目には不思議な力があります。「目ぢから」などともいって、目の威力に負けてしまいそうなこともあります。怖い眼、やさしい眼など、本当に眼差しというような表現がぴったりの視線もあります。寺院での大きな仏像の慈愛を持った眼には、安らぎと安心を感じます。

そして眼は実際に見えないところを見ようとする力もあります。見ることができない世界を見る。それは眼に見えないといっても、不可視光線が存在する世界のことです。虹の七色の世界が人間の可視光線の範囲です。これはＪＩＳ規格では三六〇から八三〇ナノメートル

（一億分の一ミリメートル）で、その中に七色が入っています。テレビやラジオの電波も携帯電話の電波も空中には無数に走っていますが、不可視光線なので、紫外線や赤外線と同様に見ることはできません。

これは、私たちに大事なことを教えてくれています。つまり、眼に見える世界だけで物事を考えたり判断したりするのではなく、眼には見えないけれどたしかに存在する世界も、注視する必要があるということです。そして、そこを意識した生き方をすることが大事なのです。人間の眼には限界があることを知ることです。

仏教の世界で見えるものには、仏画や仏像、建築様式などがあります。仏画や仏像を観察することで、背後に隠されている「仏の心」を感じることができます。これは自己のスピリチュアリティを高めることにつながります。

密教の曼荼羅《まんだら》は、仏教の世界観や仏の悟りの境地などを仏さまや文字、シンボルなどを使って七色で視覚的に表現したもので、いろいろな教えが展開されています。

私が修行を積んだ高野山では、毎年春と秋に伽藍の金堂において「結縁灌頂《けちえんかんじょう》」が開かれています。これは、在家の人たちが仏とご縁を結ぶ密教の儀式で、視覚、聴覚、嗅覚、味覚、触覚の五官をフルに働かせます。

結縁灌頂の儀式は、特別につくられた大壇の「敷き曼荼羅」の上に、目隠しをした受者

(信者)が立ち、樒《しきみ》の葉を指の先に挟みます。僧の導きで壇上の曼荼羅の上に、その樒を落とします。受者は目隠しを取って、目の前の仏を見ます。樒が落ちたところの仏が、受者にとってご縁のある仏となります。これを「仏縁を結ぶ」といいます。暗闇の世界から光の仏に出会う瞬間こそ仏心が開かれるときなのです。また、曼荼羅を見ながら瞑想《めいそう》する方法もありますが、これも視覚から仏の世界のイメージを深める作用なのです。

このように、日常ではあまり経験することの少ない視覚の広がりを密教は教えています。つまり日常的な視覚を超越して仏の世界を感じる力を与えてくれます。

耳を澄ます

耳を澄ますとは、その「聴覚」の機能を最大に活用することです。

仏教では、法要や法事といった儀式の中で、僧侶がお経を唱えます。お経の淡々とした重低音の声を聴くと、とても心が落ち着くという人はたくさんいます。赤ちゃんだって寝てしまうほどです。

もともと、お経は仏陀の言葉や教えを記録したものです。インドから中国と韓国を経て、日本へ伝わってくるまでにいろいろ編纂されました。そのため、インドのお経とは内容も表記も変化しているものが多くあります。しかし、どの国のどの時代でも、仏教徒は経典をとても大切にして生きてきました。短いお経はダラニ（陀羅尼）や真言といいます。インドではマントラといいました。また仏を観念し呪文することを念仏ともいいます。念仏は「南無《なむ》阿弥陀仏《あみだぶつ》」だけではないのです。

先に述べたとおり、空海さんは「五大《ごだい》に響きあり」（『声字実相義《しょうじじっそうぎ》』）といって、音声は波動であることを説き示しました。お経や真言、ダラニをお唱えすること自体に、そのエネルギーの波動が四方に拡散して分かち合う効果があります。できればお経に書かれた内容を理解して、日常生活に役立つように実践することが最も重要なのことです。

お経に節や音曲がついたものを声明《しょうみょう》といいます。梵唄《ぼんばい》とか法楽《ほうらく》、魚山《ぎょさん》などとも呼ばれています。

声明は、もとはインドの音韻学を意味するもので、最も有名なのは中国の天台智顗《てんだいちぎ》が唱えたものといわれています。智顗は、五世紀に天台山（中国浙江省）に修行道場を建てました。日本に伝来した声明文化は、七世紀に北インドで成立した悉曇《しったん》という梵語《ぼんご》を使用したものです。

声明は、高野山に伝わったものを南山《なんざん》声明といい、比叡山に伝わったものを天台《てんだい》声明といいます。それぞれの経典内容や節回し、編成も異なりますが、多くは中国の漢語を用いた特有の旋律をもっています。声明はのちに日本の伝統文化として発展した平家琵琶《びわ》、浄瑠璃《じょうるり》、謡曲《ようきょく》、能などの声楽分野の成立へ影響を与えたといわれています。また、宮廷音楽の雅楽との関連もあります。

声明や梵唄はもっぱら修行する僧侶が唱えましたが、一般の在家信者がお遍路しながら唱えたものに御詠歌《ごえいか》があります。御詠歌も仏教の教えや、祖師（宗派を開いた開祖）の訓示や言葉などを中心に編集されています。鎌倉仏教の浄土宗、浄土真宗、法華宗、禅宗など各宗派によってその内容や節回しが異なります。

また、仏教寺院ではいろいろな楽器が使われています。磬《けい》、梵鐘《ぼんしょう》、大鐘《おおがね》、小鐘、洪鐘《こうしょう》、鯨鐘《げいしょう》、打ち鳴らし、太鼓、小太鼓、鉦《しょう》、木魚《もくぎょ》、妙鉢《みょうはち》、引金《いんきん》、五鈷鈴《ごこれい》などあり、それぞれの楽器は、お経の初めや中間、最後で適宜に活用され、リズムの調子を整えたり、発声の合図、テンポなどの音楽性が発揮されています。これからの楽器も声明と同じように、心の波動を調和する働きがあり、私たちの精神の癒しに絶大な効果があります。音曲や楽器の振動が人体の各部に伝わることによって、免疫系が活性化するといわれています。

私はがんの末期患者さんに、この声明を活用して音楽療法を実施した経験があります。また瞑想《めいそう》研修会でも、「たかめる瞑想」をするときに、声明のパワーを活用します。

心を込めてお経を唱えることは、集中する心を養い、忍耐心を育て、免疫力をアップするのです。

鼻を効かす

鼻は、心地よい香りを嗅ぎ取る器官です。もちろん日常的にはバッドスメル（悪臭）も少なくありません。

グラバア俊子さんは「人の五官、特に臭覚と味覚は、化学物質を区別する能力がある」と述べています。臭いは鼻腔で、味覚は舌の味蕾《みらい》で感知するのですが、有機物と無機物に含まれる化学物質を見分けて、食物や同種の異性、または生殖可能な相手を認識するといいます（グラバア『五官の力』）。そうやって安全な食べ物や相手を選んで種族を保持してきたのです。

仏教の仏前でのお経やいろいろな儀式では、必ずお香を焚《た》きます。もともとは仏さまに供養するということですが、「本堂に入って香《かぐわ》しいお香で気持ちがスーッとなって、リラックスしました」という人がたくさんおられます。これはお香の効果です。

お香の代表には、まっすぐ立てて使う線香と、灰の上に敷いて抹香と一緒に焚く五種香《ごしゅこう》と呼ばれるものがあります。最近は、人工的に匂いを作って線香に混ぜたりしますが、本来は天然の香木が一番いい香りだといわれています。

香木は昔から日本人の精神的な支えとなっていました。「香道《こうどう》」という独自な文化活動もあります。奈良の東大寺正倉院宝物には、一二〇〇年も前から香り続ける香木があります。その中でも、蘭奢待《らんじゃたい》（別名、黄熟香《おうじゅくこう》）と名づけられた一品は天下一の香木とされ、歴代の権力者によってわずかに切り取られ、焚かれました。

一休禅師が述べたという「香の十徳」を現代的に解釈すると、「感受性を敏感にする、心身の清浄、空気の浄化、滅菌作用、眠気防止、静けさを友とする、意識転換、小量でも優れた香りが漂う、保存がよい、薬効性がある」となります。

西洋でも、古くからアロマセラピーという芳香療法がありました。お香にしてもアロマにしても、鼻から吸収された匂いの成分が、鼻粘膜に付着し臭覚神経を刺激し、神経細胞を経由して脳の大脳辺縁系に伝わります。つまり、口から吸収する薬などよりも早く脳に伝わるので、それだけ効果も早く現れます。

大脳辺縁系は本能を司る分野ですから、匂いの刺激に対して過去の記憶スクーリングが始まります。このとき、ネガティブな記憶がよみがえると、体内の分泌が遮断されて、緊張したりこわばったりという反応が起こります。一方、ポジティブな記憶であれば、体内の分泌が促進されて、緊張が溶け、リラックスし、気持ちも楽になっていきます。

つまり、こういう情報が私たちのＤＮＡには組み込まれていますから、いい香りを嗅いだ経験をたくさんもつことによって、暮らしの中に癒しのスポットをつくることができるのです。

幼児期に親と共にお寺へお参りして、良い香りのお香を経験した人は、大人になって、お寺に行くと懐かしい思いが充満して幸せな気持ちになります。お寺まで行けない人で、簡単に心を落ち着けたいときや気持ちを整理したいときは、自分の部屋でお香を焚いてみるといいでしょう。香道のお作法を知らなくても、簡単にリラックスできます。

舌で味覚を確かめる

おいしい食べ物は、幸福感を充たしてくれます。そのおいしいと感ずるのは舌が味覚を司るからです。いくら唇や舌の裏にワサビを塗っても、あの辛さはわかりません。舌の表面で味覚を感じるのです。また味覚は脳に記憶されるので、幼児期の食生活が一生に経験する味覚に影響を与えます。「お母さんやおばあちゃんの作った○○を忘れない」というような感じです。

「甘味、苦味、辛味、酸味」で四味ですが、これに加えて日本人は「旨味《うまみ》」を大事にします。旨味を加えて日本食に大事な五つの要素といえます。これは海外の料理には少ない味覚です。インドでは古来から七味あると言われていますが、世界でも味覚は心情や人間関係のあり方に大きく関わっています。

仏教で味覚の醍醐味《だいごみ》を体験ができるのは、なんといっても精進《しょうじん》料理を食べることです。精進料理とは、肉や魚介類を一切使わずに作る野菜中心の料理のことをいいます。

実は、仏教では仏陀の時代はお布施としていただいた物は何でも食べました。今でも、肉を食べる仏教国には、スリランカ、タイ、ビルマなどがあります。現代の日本でも、僧侶や信者は肉を食べてはいけないというものではありません。私もかつてスリランカで修行していたときは、肉も魚もお布施がありました。現地の僧侶は提供された食べ物はお布施ですから、肉であろうとありがたくそれを食べます。

肉類を使わない菜食料理が発達した地域は、のちに大乗《だいじょう》仏教と呼ばれた中国などの東アジア圏に多かったようです。もちろん、インドでもヒンズー教やジャイナ教といった宗派では、菜食主義を貫く信者たちが多くいます。

野菜や豆類など、植物性の素材を調理して食べることが精進料理の特徴ですが、もともとは僧侶の修行の一つとして発展してきました。

大切なことは、幼いときから感謝していただくようにすることです。日本語の優れた言葉に「いただきます」があります。本来は「あなたの命をいただきます」ということです。私たち人間は動物や植物、鉱物などの命の犠牲の上に存在しているのです。そういう謙虚な気持ちをもって、食べ物をいただくことが、精進料理の教訓でもあります。

高野山では、精進料理をおいしくいただくことができます。宿坊寺院によっては料理の内容は、宿泊費との関係によって異なりますので、高野山観光協会などに事前に問い合わせをするといいでしょう。

身（体）に聴く

「五体満足」という言い方があります。還暦を過ぎるまで生きられて、つくづくこの身体を健康体に産んで育ててくれた両親に感謝することがあります。

実はこの身体の触感は、赤ちゃんが羊水に囲まれて、指しゃぶりする触覚に始まっているのです。また産道を通ってくるときに、身体を回転させて出てくるという事実も、すでに身体での運動機能を本能的に備えていることといえます。

人間が生活をするということは、基本的に五体が備わっていなければならないので、必ずしも当たり前ではないのです。中には生まれつきや後天的に身体的障がいを余儀なくされている人もいます。障がいがあるからといって差別されるものでは決してありません。

密教ではたとえ障がいがあっても、その人には五大のエネルギーが備わっている、心身一如なので心と身体は別々に分析せず、大きな一つの塊としてとらえます。身体を離れて心はなく、心を離れて身体はあり得ません。

身で感じるとは、触覚のことです。もともとは皮膚で感じる世界を表していて、身体の表面で感じることを意味します。

最近日本では、ちょっとした精神的な課題も「心の問題」として取り扱う傾向があり、分析という表現が多く使われています。もちろん、心の問題の専門家が分析的知見を用いて、探究することは必要です。

しかし、身体性を一切考慮せずに心だけを分析している論評などを目にすると、「あれ？身体からのメッセージを忘れてはいませんか」と声を上げたくなります。

実は、身体活動を修正したことによって、精神的な課題が解決するケースはいっぱいあります。千光寺《せんこうじ》では心の問題を抱えている若者をはじめ、不登校やひきこもりの子どもたちに、境内でいろいろな身体活動をしてもらいます。汗をかいて清々しい体験をすることによって、心が健全になっていく子どもたちを私はたくさん見てきました。

近年「ソマティック心理学」に関心が集まっています。身体心理学といって、体のメッセージから心を探究する、あるいは心のメッセージを身体で受け止めるという心身相関の機能を学際的に研究していこうというものです。

仏教では、修行における心と身体活動はまさに相関関係にあります。作務《さむ》、礼拝行《らいはいぎょう》、滝行、調理、写経、読経、断食、遍路などの修行はすべて、身体の感覚を研ぎ澄まして体感するものです。修行という身体活動の究極は、自分自身の心を探求していくことにあります。たとえば、「五体投地《ごたいとうち》」という五体を地面に投げ出して仏さまを崇《あが》める礼拝行があります。

これは呼吸法と連動して行いますので、ストレッチをやっているような運動機能としての心地よさと、仏さまを謙虚に礼拝するという精神性を高める効果があります。

ちょっと気分が落ち込んでいるときなどは、この礼拝行をなんども行うことで回復することも少なくありません。

またお遍路なども多くの方が経験していることです。四国八十八ヶ所や西国三十三ヶ所などは有名ですが、坂東札所、秩父札所なども歴史的に多くの遍路者を受け容れてきました。最近はもっと近場で「○○霊場」なども多くあって、気軽にハイキング感覚でめぐることができます。

私の住んでいる飛騨でも、円空さんが歩いた道を歩く「飛騨三十三観音霊場」が三日間コースで用意されており、全国から多くの参拝者があります。また千光寺境内にも、明治の初めに檀信徒で四国霊場の「お砂」を集めてきて八十八ヶ所を造りました。いまでもその約五キロメートルを、三時間程度で回ることができる遍路コースがあります。

このように密教には、身体を使った心身一如の修行が限りなくたくさんあるのです。

4――深層心理という宝物を活用する

意（心）で深層心理を知る

眼、耳、鼻、舌、身の最後にあるのが「意」です。「意」とは意識のことであり、さまざまな心の仕組みを知って、常に心のアンテナを研ぎ澄ますことです。

意識とは、現代医学では「自分自身や外界の状態を認識し、これらの情報を統合して用いることに関連した精神活動」と定義されています（『医学大事典』）。

仏教では、前に述べた五官で感じて、それを意識化することを重要視しています。五官が身体に関する出来事とするなら、意識は私たちの深層心理までを左右する重要なものです。つまり、五官によってもたらされたさまざまな情報を受け止め、それを関連した活動につなげようとする精神的な営みといえます。

意識の解明は、仏教では「唯識学《ゆいしきがく》」の領域です。この学問は一六〇〇年前にインドのヴァスバンドウ（世親《せしん》）という人が、仏教の心理学として探求を始めたものです。「唯識学」では、心の存在を「主体的側面」と「作用的側面」（心の構成要素や機能）に分けて説明しています。「識」の語源は、梵語でビジャーナ（vijñāna）といい、「了別《りょうべつ》」「知る」「見分ける」

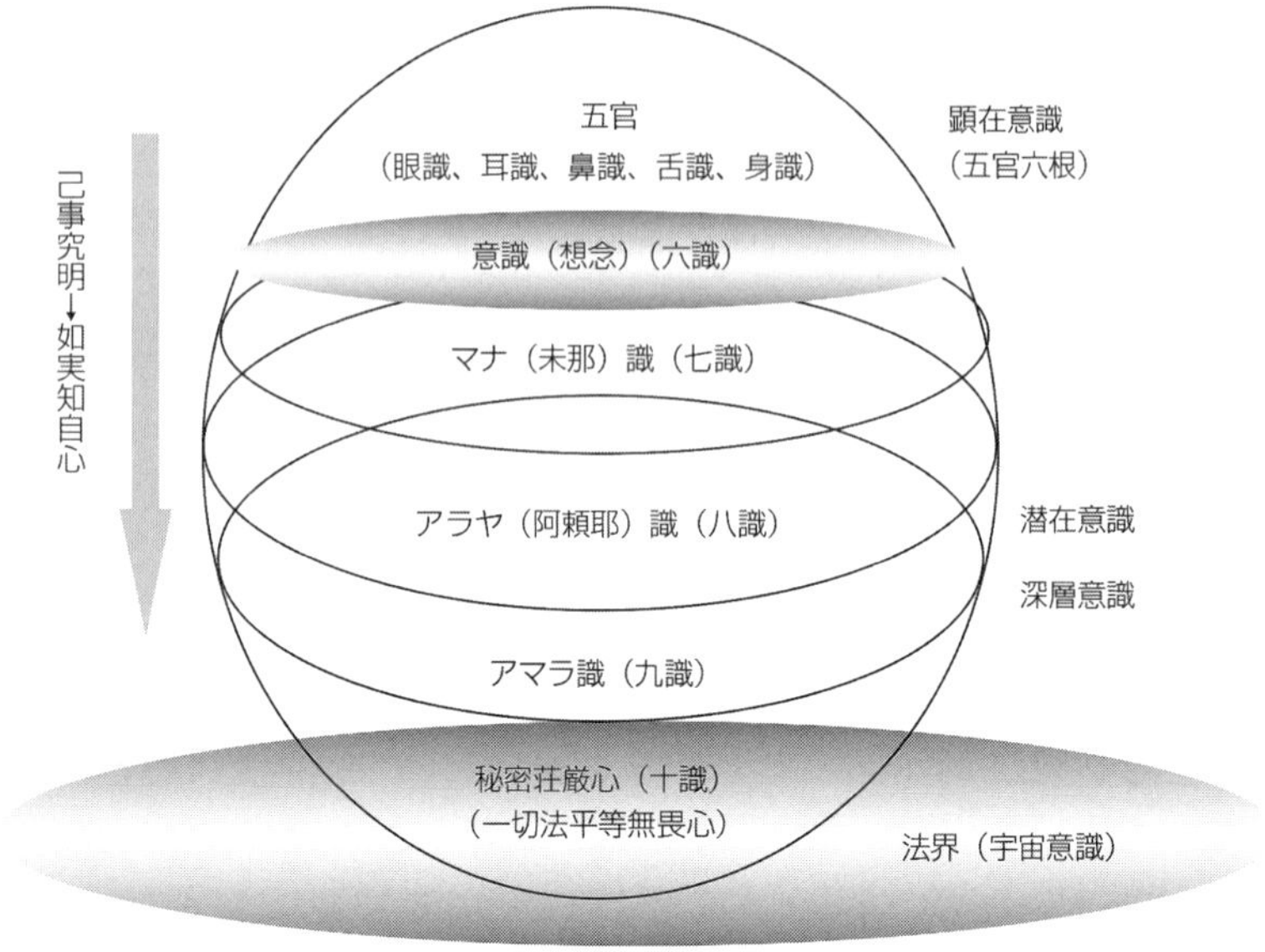

こころの構造図

（大下大圓『臨床瞑想法』2016）

「理解する」という心理的活動のことです。

唯識では、認識の仕方を二種類に分けて説明しています。それは「直観」と「推測」です。深い洞察を起こすための推測は直観や体験が重視されます。そこに瞑想《めいそう》という実践修行があるのです。

主体的側面である心王《しんのう》（心の本体ともいうべきもの）には、「眼識、耳識、鼻識、舌識、身識、意識、末那識《まなしき》、阿頼耶識《あらやしき》」の八識があります。のちに華厳経や密教経典によって、深層意識は九識の「阿摩羅識《あまらしき》」、空海さんの十識《じゅっしき》（『秘密曼荼羅住十心論《ひみつまんだらじゅうじゅうしんろん》』）などに展開されていきます（図参照）。

ちょっと難しい話になりますが、意識は眼識、耳識、鼻識、舌識、身識の五識に伴う記憶や想像、連想や推量を行います。さらに意識には、五識に関係なくすべての事物を自由に想像したり、考えたりする機能をもち、常に末那識の介入を受けています。末那識とは寝ていても起きていても、自我に対して執拗にわき起こってきます。そして、これらの七識に加えて、最も心の根源的な意識として、阿頼耶識があります。

頼耶《らや》とは内なる宝物を指します。蔵の意味があるので蔵識《ぞうしき》とも訳され、「一切のものの種子を納め保持し、あらゆる識を生み出すもの」と説明されます。ヒマラヤ山のラヤも内なる蔵を意味する言葉なのです。チベットの地下鉱脈にはたくさんの宝となる鉱物が埋蔵されています。文字どおり「蔵」なのです。中国が、チベットに侵攻し、ラサまで鉄道を引いて漢民化政策を進めるには、チベットの地下資源を狙うそれなりの理由があるのです。余談になりましたが、人間の深い意識にある阿頼耶識は、心理学的な言葉で表現するならば、表面的な意識に対して、人の潜在意識の部分を意味します。

仏教では二五〇〇年もの間、自分の宝物がいっぱい入っている深層意識を探り当てることを、瞑想によって探究してきました。これを「己事究明《こじきゅうめい》」といいます。自己とは何者かを探求する阿頼耶識には、三つの機能が考えられています（横山『唯識思想入門』）。

一、自己の生命と自然界とを維持せしめる基体。
二、自我意識の対象。
三、前世の行為の結果。
阿頼耶識は人間の根源であり、個人の質的向上を目指すものと位置づけられています。さらに前世の記憶を保持する機能が想定されているのです。

このように、自分の五官を研ぎ澄まし、心を調整して、潜在意識の働きを明瞭にしていくと、最後は究極の安心、安寧の境地、つまり悟りに至る道に到達します。これが大乗《だいじょう》仏教の瞑想なのです。

密教の「健全思考」

大乗仏教は阿頼耶識を重視してきました。しかし、密教はそれより深い意識状態を説明します。

少し視点を代えて説明します。私の親しい精神科医に聖路加病院精神腫瘍科の保坂隆さんがいます。保坂さんは、がんの患者さんに対して、さまざまな専門的なアプローチをされていますが、特に傾聴や共感だけでなく、がん患者さんに「自立性・自律性を持たせる方法」を積極的に実践されています。

その一つが、アルバート・エリス（Albert Ellis, 1913〜2007）の論理療法を活用したセラピーです。たとえばがんに罹患した患者さんに、不健全思考（Negative thinking）で「私は二年以内にがんで死ぬ」と思うのではなく、積極思考（Positive thinking）で「私は二年後にはがんが消えて健康だ」と思うことが大事だと医療者側が説明したとします。しかし本当に二年後にがんが消えることは誰も予測できません。

そこで、ネガティブ思考でもポジティブ思考でもない健全思考（healthy thinking）では「私は二年以内にがんで死ぬとは限らず健康を取り戻すことは可能だ」と意識します。「不健全思考」は「〜ねばならない、〜であって欲しい」などの願望と現実の事実を混同することから起こっているのです。このような意識の混同を論理的に否定し、健全思考へと変えてゆくのが論理療法の役割です。

健全思考という論理療法は、三つの「ビリーフ（信念）」に基づく積極的なカウンセリング法であり、心理療法です。その三つとは、

①論理性がある
②事実に基づいている
③人を幸福にする

というもので、「恐怖、罪悪感、とらわれ、萎縮、優柔不断、頑固」など、生育する中で作

られた不健全思考を変容させる方法です。

白か黒でもなく、プラス思考でマイナス思考でもなく、双方の思いを受け止めつつ、前を向いて、事実に基づいた論理性を重視して、健全な意識を持ち続ける積極的な信念が、まさに密教的生き方なのです。

生まれてからの後天的知識だけで生きようとすると限界にぶち当たり、生きにくい自分でしかありません。でも自己の潜在意識という宝物（仏性《ぶっしょう》）を活用した生き方をすると随分と楽に、しかも有意義で快適な人生を歩めるのです。仏教はそれを教えています。

空海さんは唯識という心の階段をもとにして、それをさらに発展させて、心の姿を十の世界で表しました。

八識の阿頼耶識から、九識の阿摩羅識を天台や華厳宗が説きました。そこは、穢《けが》れなき識のことで無垢識《むくしき》とも呼ばれています。

その上に空海さんは、宇宙意識に通ずる精神世界として十識の「秘密荘厳住心《ひみつそうごんじゅうしん》」を打ち立てます。それが『十住心論』です。次の章で詳しく説明しましょう。

風の章

宇宙の心を抱いてみる
——空海の『十住心論』

1――現代心理学、量子論と『十住心論』

心の世界を階層的に考えると

私たち人間には、いろいろな意識が存在します。たとえば気候の中でも夏のシーズンはアスファルトが焼けて照り返しが強いときに、「ああ暑い暑い、どこかクーラーが効いている涼しいところへ行きたいな」と思います。また逆に、一月、二月の真冬の雪国では、「暖かいコタツやストーブで温まりたい」と素直に思います。季節の変化にも一喜一憂します。腹が減ったら、何かを食べたいという欲求がでますし、食べたらまたどこかで排泄したくなります。さらに「食う、寝る」という欲求に加えて生殖本能は人間存在の基本です。

心理学者のマズロー（A. H. Maslow, 1908~1970）は、人間の欲求の階段説として、①生理的欲求（physiological）、②安全の欲求（safety）、③所属と愛の欲求（social need/love and belonging）、④承認の欲求（esteem）、⑤自己実現の欲求（self actualization）、⑥自己超越者（transcenders）を解き明かして、本能的、生理的な欲求が充たされたあと、順々に欲求は上昇し、最後はスピリチュアルな世界まで向上する人格変容のプロセスを教えています。

また現在、最も新鋭の心理学者といわれるケン・ウィルバー（Ken Wilber, 1949~）は、存在や意識と知の世界を一〇の段階に分けて説明をしています。

それは「ポスト形而上学の存在と知のレベル」として、

①古代（感覚運動系）
②呪術―アニミズム
③自己中心的、力、呪術―神話
④神話的、自民族・集団中心的、伝統的
⑤合理的、世界中心的、実用主義的、近代的
⑥多元主義的、多文化的、ポストモダン
⑦統合の開始、低度ヴィジョン、ロジック、体系的
⑧グローバル・マインド、高度ヴィジョン、ロジック、高次の心
⑨パラ・マインド、超グローバル、照明された心
⑩メタ・マインド、オーヴァー・マインド（大霊）

と説明しています。

本書でこれを詳しく説明する余裕はないのですが、近代のスピリチュアル学では第一人者の学者ウィルバーが論述する意識の一〇段階論は、なんと今から一二〇〇年前に空海さんが、同じように一〇段階に分けて、すでに説明していたのです。これは驚嘆すべき事実です。ウ

イルバーの説と空海さんの『十住心論《じゅうじゅうしんろん》』とは、ぴったり符号しているわけではありませんが、心の階梯《かいてい》を解き明かすものとしては、比較して考察するには大変興味ある見解です。近代の科学文明にあっても人々の心の姿や成長は、一二〇〇年前の人々とそんなに変わっていないということかもしれません。

いずれにしても、宇宙論に匹敵する空海さんの『十住心論』はどんな内容をもっているのでしょうか。次に詳しくみていきましょう。

量子論と『十住心論』

あなたは量子論を知っていますか？　私は科学者ではないので、量子論についての科学的説明はできませんが、一般常識的な解釈からこのことについてお話したいと思います。

一九二二年にノーベル物理学賞を受賞したデンマークで生まれのニールス・ボーア（Niels Bohr, 1885~1962）博士が量子論を発表しました。ボーアの発見した量子論はそれまでの古典的物理学から新しい量子物理学への道を切り開き、多くの若手研究者に対して先駆的な働きをしました（佐藤『量子論を楽しむ本』）。

近代科学の因果関係が、「原因↓法則↓結果」であるとするならば、量子論における因果論は「入力↓作用素↓出力」となります。これだけでは何のことかよくわかりませんね。たとえば一般の科学では、元になる「データ」を一定の「計算式」で割り出して「結果」を出すというのは常識です。しかし量子論では「計算式」がなく、「データ」の裏側に見えない法則が隠されているとします。

密教の六大《ろくだい》の「識《しき》」がこの「見えない法則」にあたります。データとなる「地、水、火、風、空」という五大要素を動かしている識のなかに、すべての情報や法則が働いているのです。

具体的に野球のゲームでいえば、ピッチャーもキャッチャーもバッターも存在するモノです。しかし、それらが作用して「ヒット、アウト、セーフ」という状態はモノではありませんね。そういう関係性の概念が量子論では作用素になるのです。量子論では電子は波動と粒という両方の特性を持つものと解釈し、すべての物質が波動をもっていることを解明しました。

原子より小さい電子はモノではないのです。したがってもっと小さい量子の動きは、因果法則では扱えません。量子論では「波動関数」という概念を使います。モノが動くというより、波動エネルギーが宇宙を動かしているとします。空海さんはそのことを、『声字実相義《しょうじじっそうぎ》』で「五大《ごだい》に響きあり」と明言したのです。これがいまから一二〇〇年前のことです。

ボーアの発見した量子論は、物質観、自然観の特徴を「相補性原理」として、一見相入れないはずの二つの物質が、互いに補い合って一つの事物や世界を形成しているというものです。ボーアはその相補性を証明するシンボルとして、中国の「陰陽思想」を象徴する「対極図」を好みました。これは、西洋的二元論ではなく、東洋的な一元論に基づくものです。

発展した量子論はさらに、「多世界解釈」が提起され、「重ね合わせ」や「波の収縮」理論が、これまで仏教の「色即是空《しきそくぜくう》」の解釈や、密教の「重々帝網《じゅうじゅうたいもう》」（帝釈天の張りめぐらした珠の網）のように、縦横無尽のネットワーク理論として理解されつつあります。最近では多世界解釈が、ミクロ世界からマクロ世界までの宇宙論にまで発展し、「量子宇宙論」や「素粒子物理学」が発表され、日本人のノーベル賞受賞者も登場するようになりました。

「場の量子論」の理論では、「無・ゼロは物理的にあり得ない」とします。つまり真空の中には何もないのではなく、「真空のゆらぎ」があるということです。仏教には、このことを「真空妙有《しんくうみょうう》」というぴったりの言葉があります。

かのアインシュタインの「相対性理論」は量子論と異なった理論とされてきましたが、これも最近では統合化が図られて「大統一理論」として説明されようとしています。これはまさに真言密教の曼荼羅《まんだら》が説く、金剛界《こんごうかい》と胎蔵界《たいぞうかい》の「而二不二《ににふに》」という統合的世界観と親和性をもって符合するかのようです。

密教の世界観、宇宙観を解明できるのは、近代科学の量子論なのかもしれません。このように空海さんが称えた『秘密曼荼羅《ひみつまんだら》十住心論《じゅうじゅうしんろん》』は、古くて新しい理論ともいえます。

『十住心論』とは

空海さんの説いた「心の一〇段階」論は、正式には『秘密曼荼羅十住心論』といいます。

当時の朝廷が、各宗（華厳《けごん》、天台《てんだい》、三論《さんろん》、法相《ほっそう》、律《りつ》、真言《しんごん》）に宗旨を論述した著作を提出するように命じたことを受けて、真言密教の教えをコンパクトにまとめあげて、『秘蔵宝鑰《ひぞうほうやく》』と一緒に提出した（八三〇年）もので、両者とも十住心を詳しく説明しています。「鑰《やく》」とは「鍵《かぎ》」の意味ですから、密教の深遠なる悟りの世界を開く鍵という意味です。

ここでは密教学者の宮坂宥勝さんの『秘密曼荼羅十住心論』（『弘法大師空海全集』第二巻）（宮坂『密教世界の構造』）などを参考にしながら説明を加えたいと思います。

まずは、その一〇の心をまとめると以下になります。

第一住心＝異生羝羊心《いしょうていようしん》―倫理以前の世界～教乗起因
第二住心＝愚童持斎心《ぐどうじさいしん》―倫理的世界～人乗《にんじょう》
第三住心＝嬰童無畏心《ようどうむいしん》―宗教心の目ざめ～天乗《てんじょう》
第四住心＝唯蘊無我心《ゆいうんむがしん》―無我を知る～声聞乗《しょうもんじょう》
第五住心＝抜業因種心《ばつごういんしゅしん》―おのれの無知を除く～縁覚乗《えんがくじょう》

第六住心＝他縁大乗心《たえんだいじょうしん》―人びとの苦悩を救う～法相宗（権大乗）
第七住心＝覚心不生心《かくしんふしょうしん》―一切は空である～三論宗（権大乗）
第八住心＝一道無為心《いちどうむいしん》―すべてが真実である～天台宗（実大乗）
第九住心＝極無自性心《ごくむじしょうしん》―対立を超える～華厳宗（実大乗）
第十住心＝秘密荘厳心《ひみつしょうごんしん》―無限の展開（宇宙性）～真言宗（真言密乗）

この住心とは、一〇種類の心、世界観というような意味です。空海さんの住心の解釈は、①悟り（菩提《ぼだい》）に至る道程と、②あらゆる思想、哲学、宗教の価値的な位置づけを表現した宗教心理の階梯でもあります。これだけでは何のことかわかりませんので、私的な解釈を加えて、一つひとつ具体的に説明してみましょう。

2――「倫理以前」から「宗教心の目ざめ」まで

倫理以前の世界――異生羝羊住心

一番目の「異生羝羊住心《いしょうていようじゅうしん》」という言葉は、密教の経典『大日経《だいにちきょう》』に出てきます。「異生」というのは、「迷っている人」という意味で一般人を意味する凡夫と同じことです。

次の「羝羊」というのはオスの羊の意味です。ここでは本能、欲望のままに生きる存在、まさに動物のように欲望のままに生きて、無明《むみょう》の迷いの世界に入っていることを指します。これは倫理性、宗教性や道徳性などの意識がまったくなく、本能的な生き方をしている人間を意味します。

「動物のような人だ」と、本能丸出しの生き方を批判する表現があります。しかしよく考えてみれば、オスの羊などの動物的生態から見れば、発情期があって種の保存があるという事実は認めなければ、人類も動物も繁栄しません。したがって、本能のままに生きるということのすべてを否定しているのではありません。動物は発情期を除いては、めったにセックスを求めたりしないものです。実は動物は足ることを知っているのです。飽くことを知らないのは、人間の所業だといえます。これは人間の性に光をあてているのです。ここでは、動物の代表として羊を例に出したということでしょう。

一般に女性が排卵期、周産期、閉経期などで性的なエネルギーがコントロールされているのに対して、男性は年齢や時期に関係なく性的な本能が働きます。もちろん、男女とも加齢に伴って性的機能は落ちて行きますが、男性のほうには、心の世界では性的エネルギーの盛んな人もいます。それが生きる意欲にも関係します。

女性は性的な興味より、ファッションや買い物、グルメ、または家や財産などの生活に関することへの執着が強い傾向にあります。どちらも生きていくうえで必要なことですが、度が過ぎると、思わぬ落とし穴が待ち受けています。

今日、新聞の三面記事や週刊誌、テレビの興味本位の番組では、欲望に翻弄された人間模様が報道されていています。欲望はコントロールしないと、限りなく膨張します。逆に倫理的な尺度の抑制という抑圧が強くなりすぎると、時に人々の本性はどこかで爆発します。

儒教精神の影響もあって、日本では「悪いことをしたら地獄、餓鬼、畜生界へ墜ちる」と、神話性を用いて善行を勧め、人間の欲望をコントロールすることを奨励しました。空海さんの時代にも、同じような人が存在していたことがわかります。そうすると今も昔も人間は、精神的にはあまり成長していないということになります。

空海さんは、生きるがゆえに人間の本能に逆らえないありさまを赤裸々に表現して「執着して三界を愛す」という言葉を使っています。三界とは「欲界《よくかい》、色界《しきかい》、無色界《むしきかい》」を指していて、淫欲と食欲にまみれ迷い、物質欲に翻弄され、人生の道理をわきまえない煩悩《ぼんのう》、苦悩の中にある人間存在を赤裸々に表現しています。しかし、そのような煩悩があっても、己の本性を悟って、執着を離れた清らかな境地を獲得して、精神作用の無色界に進めます。

まさにここでは、人間意識の一〇段階の階梯を俯瞰《ふかん》して、崇高な精神性の欠如を否定したり、本能欲望を排除したりしません。むしろそんな人間の煩悩や本性を根本的に認める度量と、そこから成長する人間の回復力や健全性の本質に迫ろうとする密教、空海さんの大欲《たいよく》思想が大胆かつ精妙に展開されているのです。

倫理的世界――愚童持斎住心

二番目は「愚童持斎住心《ぐどうじさいじゅうしん》」です。愚童とは「愚かな子ども」と直訳できますが、この意味は、知識や経験がない子どもように、物事の道理をわきまえていない人の心の状態のことです。

持斎というのはもともとインドから伝わった仏教の言葉ですが、ここでは、中国から入ってきた儒教の影響もあります。持斎は、仏教の在家信者が一定の期間を決めて断食したり、あるいは食べ物を制約して、その分を自分より貧しい人へ施す（ダーナ）という仏行の一つです。この仏行はいまでもスリランカなどの南方仏教おいて実践され、僧侶を自宅に招いて幸福のためのお経を読んでもらい、一二時前に食事を出して食べていただく布施行《ふせぎょう》（ダーナ）として存続しています。

私はスリランカで修行していたときに、在家の家に訪問しこのダーナを経験しました。黄色い衣を着た私たち僧侶たちは、招かれた家に入り案内された居間で、家族のためにお経をあげました。その姿を、部屋の片隅でじっとみつめている少女がいました。「拝んでから食事を頂く」という、何気ない行動を見続けた子どもは「食べ物がすぐに手に入って食える」のではなく、多くの人の労力を費やして、食卓に運ばれ、供養するという実態を知り、初めて食べ物への感謝の念が起こるといいます。

千光寺《せんこうじ》では子どもや孫と一緒にご飯を食べるときに、「一滴の水にも天地の恵があり、一粒のお米にも万人の力がこもっています。感謝していただきましょう」と毎食時に手を合わせ、祈ってから食べる習慣があります。二歳の孫でも、早く食べたい一心ですが、合掌して、祈りが終わるのを、ちゃんと待っています。

まさに愚童であっても、仏心が芽生えるときなのです。この時期を大切に育てることが、やがて世の中の平和につながる行為だと、信じています。

空海さんは「内に薫じて善心を発《おこ》す」と説いています。人間の本性には善なる心が宿っていて、それを仏教では「仏性《ぶっしょう》」といいます。仏性は、気づきによって発芽し成長します。いろいろな人生の艱難辛苦を経験して、人は成長すると同時に、自分が苦しい思いをした分、他者に対する愛他的心情も起こるのです。

つまりここでは、第一で本能や欲望のまま生きている人でも、そこに他者をいたわる気持ちをもって生きようとする倫理道徳観が芽生えることを教えています。

仏教の善導するアイテムに「戒法《かい》」があります。道徳心、仏心が芽生えてきた人が、善道を進むために、さまざまな守るべき指針として五戒、八戒、十善戒などがあります。真言宗は「在家勤行次第」教本に十善戒を掲載しています。それは「不殺生《ふせっしょう》（殺さないこと）、不偸盗《ふちゅうとう》（盗まないこと）、不邪淫《ふじゃいん》（邪《よこし》まなセックスをしないこと）、不妄語《ふもうご》（うそをつかないこと）、不綺語《ふきご》（飾った言葉を使わないこと）、不悪口《ふあっく》（悪口を言わないこと）、不両舌《ふりょうぜつ》（二枚舌を使わないこと）、不慳貪《ふけんどん》（ケチらないこと）、不瞋恚《ふしんに》（怒らないこと）、不邪見《ふじゃけん》（まちがった考えをしないこと）」というものです。

仏教の十善戒は儒教の五常、すなわち①仁（不殺生）、②義（不偸盗）、③礼（不邪淫）、④智（不乱、不飲酒）、⑤信（不妄語）に相応しているといわれています（宮坂・前掲書）。

仏性の開眼した人は、その善業が「父母、親戚、高徳の人、目上の人、社会の人々」と広がって、おたがいに影響しあうことで実を結ぶことを教えています。空海さんは、当時の官僚や政治家など世の中をリードする立場の人々にも、五常《ごじょう》、五戒を説いて人間育成のあり方を進言しています。

宗教心の目ざめ――嬰童無畏住心

三番目の「嬰童無畏住心《ようどうむいじゅうしん》」の嬰童は嬰児《みどりご》のことで、生まれたばかりの赤ちゃんを意味します。生まれたばかりの赤ちゃんはとても可愛いですが、まだ世間を知らないがために畏れを知りません。無畏というのは何も恐れることなく、お母さんに抱かれて心が安定しているような心境です。

ここでの意味は、人が自分の心を安定させるためにいろいろな宗教を模索している心の状態をいいます。現代風にとらえるなら、信仰を持つ人も持たない人も、なんらかの信念をもっています。そういう自分の心を安定化するために他者の力を借りようとするような、宗教心の芽生えのある人のことを指しています。宗教的な素質をいかに形成するかということがポイントとなります。

ここでは、三学という前の三界（欲界、色界、無色界）を超える行《ぎょう》を実践して、「戒《かい》、定《じょう》、慧《え》」を修めることを教えます。物事の道理をわきまえた境地にありながら、いまだ煩悩《ぼんのう》を断じて、涅槃《ねはん》を得られないのは、仏教の中道の教えを実践していないからだと説明します。中道とは、ものごとの極端なとらわれを離れて、すべてのことは原因と結果の法則がある因縁生起の実態を観察する力です。

特にここでは、死後の昇天（生天《しょうてん》）、つまり生前の行いによって、死後はどこの天上界へいくかというような問答があります。仏教だけなく、インドのバラモンの昇天や中国の神話も登場します。「厭離穢土《えんりえど》、欣求浄土《ごんぐじょうど》」とは仏教の言葉によるものと解釈しがちですが、これはすでにバラモンの思想にも存在し、いかに死後にいいところへ行くかが、宗教を求める出発点になっているのです。

仏教の倶舎論《ぐしゃろん》では、先の欲界に六天、色界に一八天、無色界に四天で、二八種の諸天を説きますが、仏教の教えでない天であっても、最終的には大日如来《だいにちにょらい》の懐に抱かれることを教えるのです。

仏教逸話として、菊池寛の『極楽』の小説を紹介しましょう。

『極楽』は、念仏の熱心なおばあさんが、死んだあとは極楽へ往生できるようにと、毎日念仏を唱えて暮らしていた。やがて念願叶って、死後は極楽の蓮の台にすわることができた。しかし、来る日も来る日も極楽の蓮の台で、じっとして静かで変化もなく平安な毎日を過ごした。何十年もそうやってたいくつな極楽世界に飽き飽きしたおばあさんは、なんとか浄土から抜け出したいといったという話です。

作者の意図はわかりませんが、このおばあさんの生き方は、念仏に執着するあまり現実を疎《おろそ》かにして、大事な人間修行を怠ったということで、本当の宗教心とは何かが問われます。

仏教のあの世や霊魂観は空の思想で、認められていないことが一般的ですが、密教ではそれも真実の教えに導くための手段としての「方便《ほうべん》」といいます。

『十住心論《じゅうじゅうしんろん》』では、仏教以外の教え（外道）にあるあの世観を否定するのではなく、その段階も真理を悟っていくには、必要なプロセスであることを説明しています。

3――「無我を知る」から「対立を超える」まで

無我を知る――唯蘊無我住心

この四番目ではじめて仏教の心が語られるようになり、一〇番目まで順番に深い精神性について、段階を追って説明されます。

唯蘊の蘊《うん》とは『般若心経』にも登場する「五蘊皆苦《ごうんかいく》」の蘊です。そして無我とは「とらわれのない心」をいいます。つまりここでは「五蘊は存在するが、それにとらわれない自由な心」を目標にします。

五蘊は「色、受、想、行《ぎょう》、識《しき》」です。色とは目に見える物質のことで、前章で説明した肉体や現象的な物質世界をいいます。受とはそれを感覚として受け取る作用です。想はさらにそのことを認知して想う世界です。行は具体的な行動に出る、あるいは出ようとする意志の作用です。そして、識は実体としての認識作用です。

これら五の要素が集まって人間の肉体・精神を構成するので五蘊といいます。しかし、仏教ではこれにとらわれることを「五取蘊苦《ごしゅおんく》」として、修行によって克服すべき最大の課題ととらえるのです。

普通の人間は、自分の身体や感覚を否定することは自分自身を否定するようで、容易にそのことを認めることはできないでしょう。しかし、仏教ではそれらの要素は、肉体がもっている仮の姿であって、真実ではないと教えるのです。具体的には、一般に霊魂はあるかどうかにとらわれている内我《ないが》や、神話の神が存在するかどうかという外我《げが》などからくる煩悩《ぼんのう》を「四諦」という苦、集、滅、道の真理で観察して、執着を手放して解脱《げだつ》に至ることです。

ひとつの例として、芥川龍之介の『蜘蛛の糸』を参考に考えてみましょう。

『蜘蛛の糸』は、あまりにも有名で解説は必要ないかもしれませんが、生前に人殺しや盗みなど悪事を犯した犍陀多《かんだた》という悪党がいました。彼は案の定、死後に地獄に堕ちて他の罪人と一緒に血の池でもがいていました。そんな悪党の犍陀多でも、生前にひとつだけ善行をしました。それは地面を這う蜘蛛を踏み潰すのでなく、小さくても命があるからと見逃して助けたことです。地獄で仲間ともがいているところへ、上部から銀色の蜘蛛の糸が降りてくるのを見て、助かったとばかり、犍陀多はその糸を手繰って登っていきました。かなり登って安心したところで、下のほうをみると、なんと他の地獄の亡者たちが、同じ糸を登ってくるではありませんか。そんな多くの罪人たちが登れば、その重みで糸が切れてしまうと思った犍陀多は、「こら、罪人ども。この蜘蛛の糸は己のものだぞ。お前たちは一体誰に尋《き》いて、のぼって来た。下りろ。下りろ。」とわめきました。その瞬間、犍陀多の手元から糸は切れて、再び血の池地獄へ沈んでいきました。このようすを、極楽から眺めていたお釈迦さまは悲しい気持ちになりました。という話です。

ここでも、宗教心が芽生えた人間は、悪の想念に染まりやすく、その邪心を抜け出すための善行が大事であることを説きます。これを「修観すれば涅槃《ねはん》を得」といいます。観とは観察であり、初期仏教では声聞乗《しょうもんじょう》の段階で行う瞑想です。仏心を生じた己の心をいかにコントロールするか。四諦八正道《していはっしょうどう》などの真理に基づいた実践が大事であり、シャマタ、ビパッサナーという具体的な瞑想《めいそう》法によって確立していく段階です。

仏教徒であるならば、この八正道は修行の基礎でもあります。僧侶でもこの学習をしていない人が仏教を語っていますが、大間違いです。仏陀は弟子になる条件として、出家前に自己の生育暦を八正道に基づいて観察・洞察し、修正を加えた者だけを入門させたといわれます。

四諦とは「生、老、病、死」の命題を、自分の存在性や人生の意味や価値において深い思索をめぐらすことです。八正道とは「正見」「正思」「正語」「正業」「正命」「正精進」「正念」「正定」です。

初期経典『入出息念経《にゅうしゅつそくねんきょう》』(Ānāpānāsati-Sutta)には、森や樹木の下、あるいは空間のある室内などで瞑想をするために「出入りの呼吸に注意を凝らし、修習法としての身体、感受、観心、観法のプロセス」が明示されています。

たとえば、「なぜ私は、誰々を両親としてこの世に生まれたのか」「自分が病気になったり、歳をとるのはどんな意味があるか」「自分の死とは何か、死ぬまでにやっておきたいことは何か」などと、思惟してみることです。

諦とは「あきらかにみること」であり、物事の実態を正しく把握するために「見ること、思うこと、語ること」ことを吟味することです。物事を正しく純粋に判断できれば、いつでも生死を手放せるのです。

観察瞑想で得た「家庭や社会における今の自分の位置」や「コンプレックス」などの課題について、その出発点まで遡って、原因と結果の有様をゆっくりとみていく作業です。原因究明をしっかりと行う必要があるので、ここでも冷静で客観的な視座が求められます。

つまり、そういう肉身にこだわる我（無明《むみょう》）の本性を洞察して、やがてその苦を手放す行《ぎょう》を仏教では教えています。この唯蘊無我《ゆいうんむが》を自覚するように強調したのが、初期仏教の声聞《しょうもん》乗《じょう》の住心なのです。

己の無知を除く——抜業因種住心

第五の「抜業因種住心《ばつごういんしゅじゅうしん》」というのは、初期仏教のテーラーヴァダでの取り組みで、特にそのことを縁覚乗《えんがくじょう》といいます。前項にもあった四諦の瞑想によって、深い洞察をめぐらし、業生《ごっしょう》のすべての原因と結果の法則である縁起《えんぎ》の教えのなかから真実を解き明かそうとする住心です。

縁起は、仏陀釈尊が最初の弟子たちに説法した真理で、関係性を表します。特に十二因縁《じゅうにいんねん》という「無明、行、識、名色、六処、触、受、愛、取、有、生、老死」の循環を観じて、人生の苦しみの原点である無明と輪廻《りんね》という業の種子（因）を解脱して、寂滅《じゃくめつ》の安らぎを実証する境地を重視します。この境地を寂滅為楽《いらく》といいます。

この迷いの意識循環は、たとえば「異性と肉体関係をもちたいと妄想する（無明）―異性がたくさんいるところへ行く（行）―好きそうな相手を認識する（識）―その異性の顔や容姿を見る（名色）―邪《よこし》まな情念を起こして、相手を探す（六処）―なんとか異性と接触する（触）―相手の受け入れとともに情を交わす（受）―好きだと思う心が生じる（愛）―こだわりや執着が生じる（取）―いつまでのその関係が存在すると思う（有）―存在するという生が起きる（生）―人生の流れとして老死がある（老死）」というわかりやすい表現で、十二因縁という苦悩や迷いの意識循環を考えてみましたが、いかがですか？

十二因縁の煩悩《ぼんのう》を超えるには、仏教の教えを他者から聞いて悟ることと、自身が正念を起こして悟ることの二種類があります。なかなか真理に到達することができない状態である

「無明」は、身体作用や精神作用のさまざまな認識への理解が、業という煩悩となって苦しみをつくりだしています。その根底には、生老病死にまつわる欲望や葛藤、コンプレックス、執着が存在します。この迷いの全体の認識を深め、その苦悩の輪廻から解脱することが、仏陀の説いた四諦の道です。つまり十二因縁は、われわれが苦悩や煩悩を生み出す原因を省察し、洞察する方法論を具体的に示しているのです。

一般的に、つらい経験を思い出すことによって、自分が傷つくことになるのではないかと考えてしまいますが、観察瞑想による客観的な洞察をすることによって、自分が苦しむことはありません。客観的な視座は、冷静な感覚の中で行うことで、主観を離れるからです。洞察瞑想とは、過去を手放すために、振り返りをして、やがて苦しみやそのときのつらさを手放して、忘れていく作業なのです。

これまでの声聞乗《しょうもんじょう》、縁覚乗《えんがくじょう》の二つの住心は、初期仏教の大綱を示すもので、心の進展を図るうえで、止観瞑想《しかんめいそう》を重ねて自己の内証を深い洞察へ導くとても大切な教えです。

しかし空海さんは、この阿羅漢化《あらかんか》を目指す修行はあくまでも自利に専念する生き方であり、修行の独覚性という点で、大乗《だいじょう》の菩薩乗《ぼさつじょう》の人々にくらべて、他者を救済するという大悲の利他心が十分でないと示しています。そういった考えが、小乗《しょうじょう》仏教と呼んできた背景にあったと推察されます。しかし、前にも述べたように、初期の瞑想実践は仏教の根幹であり、瑜伽行《ゆがぎょう》の基礎となるものなのです。

人々の苦悩を救う――他縁大乗住心

そこで次の第六「他縁大乗住心《たえんだいじょうじゅうしん》」は、前の声聞・縁覚の住心を超えて、一定の対象者に限らず、すべての人々に無差別平等に慈悲の心を起こして、他者を救済する利他の心を重視することにあります。この利他行を唱える仏教を大きな乗り物にたとえて「大乗仏教」といいます。

先の二乗を小さな乗り物「小乗仏教」という言い方をした時代もありますが、これは大乗側からみたやや差別的表現で、最近は初期仏教や上座部仏教などといいます。

大乗住心は大乗仏教の初期段階に相当し、特に唯識《ゆいしき》思想を説く法相宗《ほっそうしゅう》の教えが中心となります。唯識思想は、別章でも述べた仏教の深層心理学といえるもので、心の階梯《かいてい》の理論的な学びと瑜伽行《ゆがぎょう》という瞑想を実践して悟りを獲得する人々の心であることを教えています。日本では奈良の法隆寺が法相宗の中心となりましたが、宗派を超えて多くの仏教者が法隆寺で唯識を学びました。

ここでは、菩薩行《ぼさつぎょう》としての「四無量心《しむりょうしん》」（慈、悲、喜、捨）や「四摂法《ししょうほう》」（布施、愛語、利行、同事）の実践性が説かれ、悟りに向かうために具体的な心構えが明示されています。

「慈、悲、喜、捨」は、本来は独立した別々の言葉からなっています。

慈（maitrī：マイトリ）とは、いつくしむ心です。あらゆる物事に大いなる愛情をもって関わることによって、人の苦しみを抜く（抜苦）ことです。友愛の心であり、他人に楽を与えることで、作用としては父性的な原理を表します。

悲（karuā：カルナ）とは、他者の苦しみを自分のごとく感じていく思いやりの心をいいます。ともに苦しむ関係性（共苦）を保持することです。他人の苦しみを摂取し救済することで、母性的な原理を表します。

喜（muditā：ムディタ）とは、生きる感謝や他者への配慮を意味します。どのような人生であっても、人はその生き方に意味があります。命の長さではなく、命の質を問います。先祖や大自然からいただいた命に感謝し、生きる喜びを創出することです。他者を幸福にする喜びであり、人々に楽があることを妬《ねた》まないことです。

捨（upekṣā：ウペクサ）とは、文字どおり捨てることを意味しますが、実はその前段階の心境としては、知り合いや親しい関係であっても、ときに憎み合ったり、相手を排除したり差別する心が生じます。そういった負の想念を捨てる勇気をもつことです。金銭欲や物質的な執着心も捨てることを意味します。最終的にはこの世を去るときには平安な心を呼び起こし、あらゆる我執や執着心を離れて無我になることを教えます。

「布施、愛語、利行、同事」とは四つの菩薩道です。

布施（dāna：ダーナ）とは、自分の大事なものを惜しみなく提供することです。スリランカやタイなどの南方仏教国では、托鉢《たくはつ》する僧侶に食事を提供することが一般的ですが、本来は財物、食べ物だけでなく精神性を重んじますので、「分かち合う心」こそが大切です。

愛語（piya-vācā：ピアヴァーカー）とは、字のごとく愛のある言葉かけです。言葉は古来「言霊《ことだま》」といって、大変なエネルギー、パワーがあります。悪口で人を殺すことも現実的にはあり得ます。言葉には暴力、パワーハラスメントなどもあって、いろいろと問題がでてきます。愛語はそれとは反対で、相手の気持ちになって思いやり、やさしい言葉をかけることです。

利行（attha-cariyā：アッタカリヤー）とは、相手の利益になることを行うことです。利益というと現代的な言葉のようですが、本来は利他行という相手への奉仕を意味しますので、他者が幸せになることを願って行動することです。そういう慈愛をもった心構えが大事です。

同事（samānattatā：サマーナッタター）とは、上下関係ではなく、平等意識です。他者と一緒に考え、一緒に何かの行動を起こすことです。最近は協働、共同などの言葉があります。ここでも、行動するだけでなく、菩薩道《ぼさつどう》という他者と支え合う精神性が背景にあることが重視されることはいうまでもありません。

ただ、ここで空海さんが主張したかったことは、顕教《けんぎょう》が長く無限に近い年月をかけて修行しないと悟れないという「三阿僧祇劫《さんあそうぎこう》」を教えていることを指摘し、それとは別に密教の「即身成仏《そくしんじょうぶつ》」という、現世での悟りを目指す教えを強調することでした。そして法相宗の唯識では、第八識の阿頼耶識《あらやしき》までしか説いていないので、不十分な教えであると主張します。

一切は空である——覚心不生住心

第七の「覚心不生住心《かくしんふしょうじゅうしん》」というのは、すべての原理は不生不滅《ふしょうふめつ》であることを認識する心の状態を表します。これは仏教の中興といわれた龍樹菩薩《りゅうじゅぼさつ》が説いた中観《ちゅうがん》思想で、『般若心経《はんにゃしんきょう》』などに登場する経文の「色即是空《しきそくぜくう》、空即是色《くうそくぜしき》」のことです。これらは、三論宗《さんろんしゅう》で、奈良の薬師寺などでこの教えを学び、修行した人たちの住心をいいます。ここから（実大乗の前にある）権大乗《ごんだいじょう》の教えになります。

奈良の仏教は、「南都六宗《なんとろくしゅう》」といいますが、いまの宗派のような差異を強調するものではなく、どちらかというと学問的に学ぶうえで、区別したことです。したがって、ある期間は法相宗を、ある期間は三論宗を学ぶというようにしていました。ちなみに奈良の六宗とは法相宗、三論宗、華厳宗《けごんしゅう》、成実宗《じょうじつしゅう》、律宗《りっしゅう》、倶舎宗《くしゃしゅう》をいいます。

空海さんも最初は奈良のお寺で、唐（中国）から入ってきた仏教を学び、大安寺の勤操大《ごんぞうだい》徳《とく》のもとで出家したといわれています。やがて、若くして久米寺で多くの梵語《ぼんご》が入っている大日経《だいにちきょう》に出会い、その内容を理解し、密教を極めるために唐へ渡るのです。三論とは『中《ちゅう》論《ろん》』『十二門論《じゅうにもんろん》』『百論《ひゃくろん》』という、空の思想をもとに展開された教えです。

空の教えは、この世に存在する一切の有形・無形のものには実体がなく執着しないという性質である「無所得」と、ものごとの分別や議論を越える「八不」（不生、不滅、不断・不常・不一・不異・不来・不去）の教えなどがあります。徹底して普段の認識論を砕いて、常識を超える心境を確立することを目的とします。

第六の住心が、人々への慈愛心を強調するのに対して、ここでは、一切の束縛から解放されて自由自在な真理に到達する、すなわち「因縁生の法は本より無性なり」とされます。

空海さんは「空」の論理を大空や海にたとえて、すべてを包み込むものとして、わかりやすく解説を試みています。海の水は、今の化学式で言えばH_2Oです。それが一粒の水が集まって、海水となります。波も水ですが、波の形は異なっても水の成分は変わりがありません。波は他の水全体と分離して別のものでもありません。嵐の波も、さざ波も水全体から見ればなんら変わるものではありません。つまり水も波もH_2Oに変わりなく、個でありつつ全体でもあります。まさに不断、不常、不生、不滅なのです。

空海さんは、この空の論理を展開した最後で、もっと深い考え方を説明します。

大空はすなわち大自在なり（おおいなる自由）。大自在すなわち大我なり。大我よく大空を証す（おおいなる我の境地が大いなる空を認識する）。大我は一切の法において無著《むじゃく》無得《むとく》なり（あらゆることに執着がない）。これすなわち如来《にょらい》の智慧なり（これは大日《だいにち》如来の真実の智慧である）。

あらゆる認識と存在を否定する「空」の論理に徹して、そこから真実の生命的世界観を構築するのが、密教哲学です。「真空妙有《しんくうみょうう》」という言葉が、その生命観を表現します。

すべてが真実である――一道無為住心

第八の「一道無為住心《いちどうむいじゅうしん》」は、一道すなわち一仏乗《いちぶつじょう》によって悟ることを意味します。この教えは最澄《さいちょう》さんが持ち込んだ「天台宗」の教えを指しています。その教えは、声聞乗・縁覚乗・菩薩乗を一乗に融合しようとする「法華一乗」を伝える法華経（Saddharma Puṇḍarīka Sūtra、正しい教えである白い蓮の華の経典）八巻二八品の教えが中心となります。一般に有名な観音経《かんのんきょう》も『普門品第二十五』に相当します。第八住心からは実大乗《じつだいじょう》の教えといいます。

法華経とは、言ってみれば、その名のごとく泥沼に咲くきれいな蓮の華のように、凡夫で煩悩にまみれる人であっても、仏道を修行して悟りの華を咲かせることができるという内容です。「蓮華三昧」という境地は、すべての人々には本来仏に成る性質として仏性《ぶっしょう》というものがあり、その仏性を清浄な仏と同格になるまで修行することを伝えています。これを実践するのが、止観《しかん》という瞑想《めいそう》なのです。

もともと法華経は、インドの蓮池を見ながら説教した仏陀の教えと言われています。あるとき、釈尊は多くの弟子たちを前に説教します。インドではあちこちに溜池があります。その池はどぶ池できれいな水とはいえません。しかしそこにきれいな蓮の華が咲いていました。釈尊はその蓮を例に譬《たと》えていいました。「あのどぶ池に咲く蓮の華を見よ。決してきれいな水とはいえないところにあのような色合いの蓮の華が咲いているだろう。お前たちの身体はどうだ。きれいであるか。何日も沐浴《もくよく》もしなかったら、垢《あか》と汗で臭いだろう。目ヤニ、耳くそ、鼻くそ、大小便に至るまで、人間本来はきれいでもなんでもない。しかし、そのような肉体であっても、心静かに己を見つめ、私欲を離れて、大いなる境地に至れば、菩提《ぼだい》の花を咲かせることができるのだ」と説教しました。弟子たちは歓喜しました。

悟りの境地は真の寂静心であり、智恵の活動が働くことを教えています。その世界が『般若心経』にもある「阿耨多羅《あのくたら》三藐三《さんみゃくさん》菩提《ぼだい》」というこの上のない悟りなのです。経典には「無為・無相にして一道浄《きよ》く」とあります。

仏性は、宝石の原石と同じようなもので、磨かないと輝かくことはできないと伝えます。

特にこの心を磨く、つまり修行する心構えを重視します。

天台宗である比叡山では「一念三千（一瞬の念想は三千世界に通じる）」「十界互具《じっかいごぐ》（地獄〜仏までの十の世界は包摂されている）」「空仮中《くうけちゅう》（空と仮の世界が両立する世界観）」「心三観《しんさんがん》（空仮中の瞑想を一つの心にあるとする瞑想）」「常行三昧《じょうぎょうざんまい》（念仏と瞑想の組み合わせ）」などを学び修行するとともに、のちに「百日回峰行《ひゃくにちかいほうぎょう》」というすさまじい修行法があって、最後は不眠不休で仏を念じるのです。そうやって、どこまでも自分を追い込んで、仏性を開くことを荒行的な修行体験によって伝えています。仏性を育て、覚りを得ることへの強い探究心が、最澄さんをして天台法華の教えを今日まで一二〇〇年間、比叡山で守らせてきたといえましょう。

空海さんが、天台を八番目に位置づけたのは、その修行形態が密教と比べると遠回りであるとしたからです。天台宗を開いた最澄さんが、空海さんに『理趣経《りしゅきょう》』の訳本を貸してほしいと懇願されたときと同じ論法で説明しています。つまり「経典、論書、注釈などを用いての修行は、むやみに年月をかけるだけで真理の世界に入れない」とし、「一々の印のかたち、儀式の仕方、真言は、灌頂《かんじょう》を受けた阿闍梨《あじゃり》の元で、秘訣を伝授されなければならない」として、即効性のある「三密瑜伽《さんみつゆが》」の修行を絶対としたのです。

対立を超える——極無自性住心

第九の「極無自性住心《ごくむじしょうじゅうしん》」は、華厳宗《けごんしゅう》です。華厳とは、仏の世界を示す華で飾る意味です。東大寺大仏殿にある盧舎那仏《るしゃなぶつ》を思い起こしてください。東大寺は、修学旅行で必ずといっていいほど親しまれた日本仏教を代表するお寺です。あの大仏さんはなぜあんなに大きいのでしょうか。私は、大仏さんの大きさは肉体的な大きさを表現したものでなく、精神的な世界の拡張意識を表現したものだと思います。

空海さんは、華厳宗をこれまでの九段階における顕教《けんぎょう》の教えを総括する最高の境地としています。それはすべての法が無自性《むじしょう》という清らかな世界にあることを感得する心のことで、華厳宗は実大乗の教えに位置づけされているからです。

修行者は、所依の経典である華厳経の教えを学び、最高の境地を求めて修行に努めます。華厳経の正式名称は『大方広仏華厳経《だいほうこうぶつけごんきょう》：Avataṃsaka Sūtra』といい、全宇宙を「円通無碍《えんつうむげ》」（融けあってさわりがないこと）という毘盧遮那仏《びるしゃなぶつ》の顕れの世界と説きます。その境地を「華厳《けごん》三昧《さんまい》」といいます。

南都六宗の中の華厳宗が、九番目に位置づけされていることを不思議に思う人もいるかもしれません。これまでの第六住心から第九住心までは、順を追って法相宗、三論宗、天台宗、華厳宗の住心が説かれるのですが、順番からみると第八が華厳で、第九が天台のような気がするのです。

しかし、あえて空海さんが九番目の住心に華厳をもってきた理由があります。それは、当時の華厳宗が国家宗教（国分寺、国分尼寺）として扱われていたという歴史的背景もあって、空海さんはその上に密教を位置づけしたかったからです。また華厳の経典には、「海印定《かいいんじょう》」（天上のものがすべての海の上に現れるように、この瞑想に入る仏には一切の現象が現れる）という瞑想法、また「一即多《いちそくた》・多即一《たそくいち》」（すべての生命はたくさんあるけど一つに帰する）という普遍的な未知数の展開や、広大なる宇宙性が説かれているからです。そのことが、まさに「極無自性住心」なのです。

「極無自性住心」には、浅い解釈と深い解釈があります。浅い解釈とは、人は自分の心をわかっているようで、よくわからないものであるとし、その心でも繊細で大いなる空を知ることができます。また水面も万象を映し出す鏡のようですが、その中には深くて神秘的な世界があるとしています。深い解釈では、われわれの肉体もさまざまで、男女や老若の別がありますが、身体を構成する分子、原子で成り立っていて、そこまでいけば個性や個人は特定されません。そしてそれは宇宙にも広がる普遍性をもっています。部分であるけれども全体であり、全体であっても部分が存在するということです。これが「重々無尽《じゅうじゅうむじん》」であり、「一即多・多即一」の境地なのです。

空海さんが密教を解説するうえで、密教を仏教の最高位に置くためには、それなりの理論展開が必要であり、誰もが納得する論理が欠かせません。そのためにいろいろな教えがあり、すべてに重要な意味があることを伝えるのです。さらにすべての個人も宇宙も同じ調和をもったシステムであって、そのコスモロジーを空海さんは、華厳の華蔵世界《けぞうせかい》（巨大な蓮華の中にある清浄な世界）に求めたのです。決してどちらが劣っているとか優れているとかの差別をすることではなく、その世界の中で人は段階的にスピリチュアリティを深めることに意味があることを主張します。

4――宇宙性を体得する

無限の展開（宇宙性）――秘密荘厳住心

最後の第一〇の「秘密荘厳住心《ひみつしょうごんじゅうしん》」というのは、秘密の扉を開くための教えであることを宣言します。その秘密とは、誰もがもっている身体と言語、意識を三密《さんみつ》と呼び、それが仏の身と口と意との三密と同等であり、悟りの要素を備えている（荘厳）という自覚です。

「秘密」とは、言葉で表せないほどの深遠で神秘的なことをいいます。「荘厳」とは字のごとく、厳かに飾ることです。つまり人間が悟る世界の神秘性が用意されているということです。

大日如来《だいにちにょらい》の「法身説法《ほっしんせっぽう》」（宇宙そのものが真理を体現していること）を知り、深い瞑想《めいそう》に入ります。そのことを「極秘密三昧《ごくひみつさんまい》」といいます。

仏の要素とは、主に大日経《だいにちきょう》から引用されていますが、「如実知自心《にょじっちじしん》」（実の如く己の心の深層に気づき仏であることを自覚すること）なのです。

このように空海さんは、真言密教の教えを学び真言の行《ぎょう》を完遂することによって、曼荼羅《まんだら》のような宇宙性を体得する住心の必要性を強調します。曼荼羅には、前章でもお話ししましたが、宇宙の諸法を表す四種類の「大曼荼羅、三昧耶《さんまや》曼荼羅、法曼荼羅、羯磨《かつま》曼荼羅」があります。この表現法に空海さんの曼荼羅・コスモロジーがあります。視覚的に認識する曼荼羅の諸仏・諸菩薩の説法はそのまま、瑜伽行《ゆがぎょう》の対象でもあり、宇宙性を感得する媒体でもあります。

大日経の引用から「自心の源低（根源性）を覚知して、ありのままの身体、自心の数量を覚ること」ということは、胎蔵界《たいぞうかい》の曼荼羅と、金剛界《こんごうかい》の曼荼羅が不二となって、行者心が瑜伽三昧に入ることを意味します。

密教では「五相成身観《ごそうじょうしんかん》」が成仏のプロセスと説いています。五相とは、前章で説明した「五大」のパワーを思い出してください（三〇頁参照）。人間の五大を五輪塔に譬《たと》えて、地、水、火、風、空という順番に、瞑想を確立していくことです（図参照）。その内容とは「第

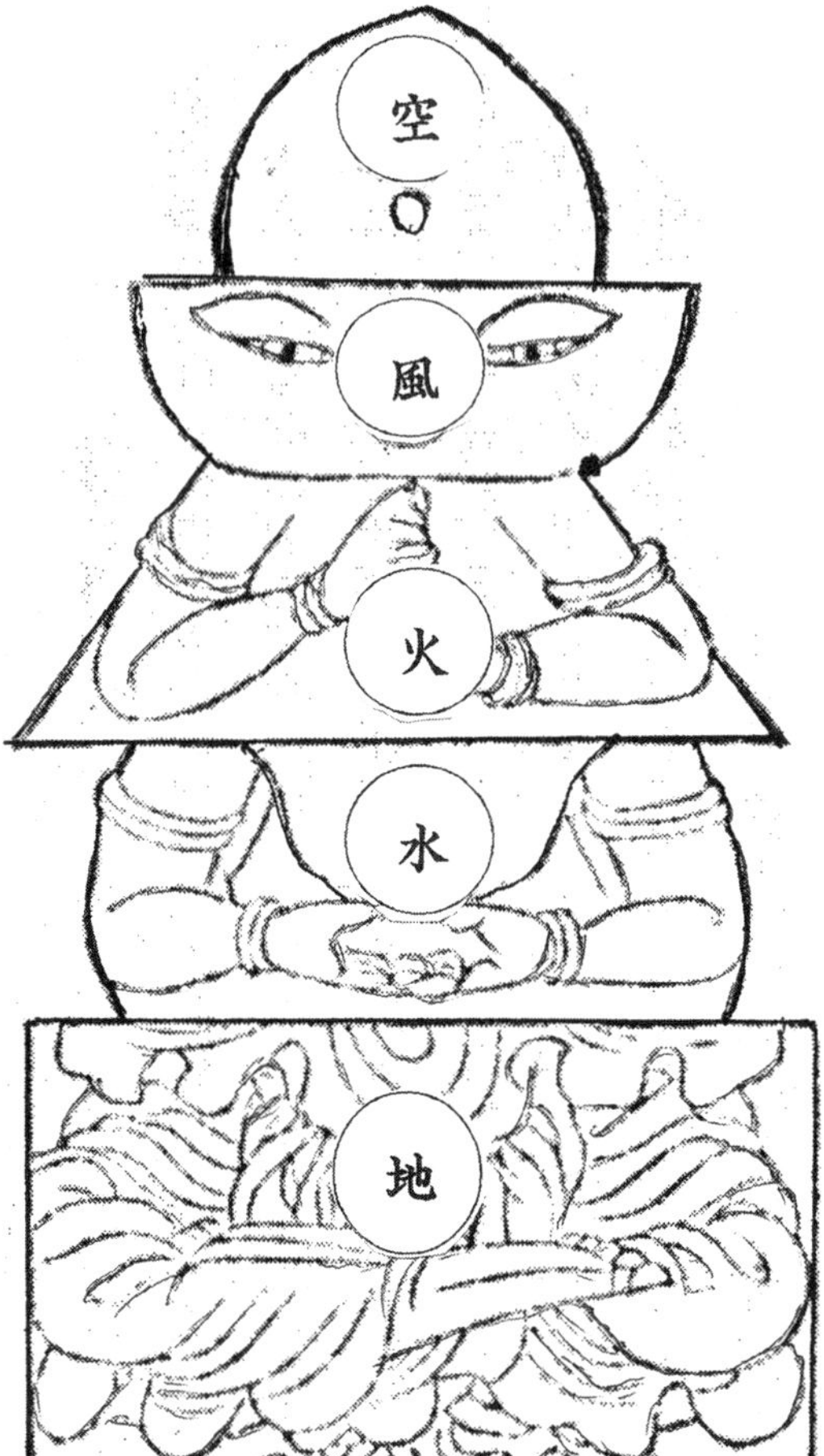

五大をイメージした五輪観図

（山崎泰廣『密教瞑想』1974 に大下が五大字を加筆）

一：通達菩提心《つうたつぼだいしん》（ありのままに自身の心を観察する）、第二：修菩提心《しゅうぼだいしん》（知恵を増大して清浄月輪《がちりん》を観想する）、第三：成金剛心《じょうこんごうしん》（月輪が三昧耶形《さんまやぎょう》に、五鈷金剛杵《ごここんごうしょ》に変わる）、第四：証金剛心《しょうこんごうしん》（金剛杵を自身に導き入れる瞑想と加持をする）、第五：仏心円満身《ぶっしんえんまんしん》（如来と融合する）」です。

この三密瑜伽の瞑想によって、即身成仏《そくしんじょうぶつ》するのです。

密教の教えの究極は、「父母所生の身に、速やかに大覚の位を証す」という、この父母からいただいた肉体をもって、三密行《さんみつぎょう》で仏の境地を獲得できるという「即身成仏義」にあります。そこに顕教《けんぎょう》で説いた遠劫成仏《えんごうじょうぶつ》（長い時間を修行して悟ること）から、即身成仏を説く真言密教への特徴があります。

そして、これまでの九段階の階層は、菩提心の成長過程であり、仏心《ぶっしん》を体得する手段でした。そこで一般的には、一から一〇までの住心を並べて、一から九までの住心を顕教とし、第一〇の住心を密教であるとし、顕教と密教という大きな区分をしつつ、双方の重要性を説いています。そのことを十住心は「九顕一密《きゅうけんいちみつ》」の思想といいます。しかし、一から一〇までは菩提心の成長過程を意味するものですから十心のすべてが密教の中に包含されているのです。そのことを「九顕十密《きゅうけんじゅうみつ》」といいます。

私は密教の立場は、この「九顕十密《きゅうけんじゅうみつ》」であることを強調したいと思います。空海さんは、仏教だけでなく、儒教やインド宗教にも触れながら、論理的に多面的に説明されているのです。この『十住心論』はとても深い教えのため、凡人にはなかなか理解できないとおっしゃる方もいます。しかしよく考えていただくとわかるのですが、人間そのものの知識の獲得の仕方とよく似ています。

フロイト、ユングなどの時代に活躍し全体論や社会統合論を打ち立てた心理学者アドラー（Alfred Adler, 1870〜1937）の影響を受けたアルバート・エリスは、前述の（一〇三頁）「論理療法」を提唱しました。それは人間が意識を転換できるのは「事実に基づく、論理性がある、幸福を希求する」という信念を持つことによって人間の力が発揮されるからだとしました。空海さんの、十住心の理論構築は、まさにこの論理療法にも叶うのです。人生の生き方や存在の意味を考えることは人間の権能でもあります。しかし、誤った思考を持ち続けると、思いどおりにならないことを悲観する人生となります。自我意識に執着する思考を変換するのは、まさしく自分自身の智恵なのです。

どんな人間でも赤子のときがあり、最初は食べることや寝ることで精一杯な時期がありました。やがて物心がついて、自分と他人を区別できるようになりますが、自分に嫌なことがあれば、駄々をこねたり、ぐずったりして本能のままです。

しかし、だんだん成長して社会性が出てくると、集団の中での自分の立ち居振る舞いを考えるようになります。知識も旺盛になって、学問や仕事の幅も大きく変わっていきます。やがて、社会的にも貢献するようになると、それなりの信念をもち自信をもって物事にあたり、他者を援助することもできます。熟年には大きな智恵と財力で社会を動かすこともできます。こんな風に、人生模様を例えると、すべて初心から始まって成長過程があることに気づきます。

同じく心理学者のマズローは、人間の心は食欲、性欲、睡眠欲などの存在するための生理的欲求（physiological need）から始まり、自己実現（self actualization）に至るさまざまな精神的階段を経て成長するとしました。さらに個人から集団、社会、世界、宇宙へと拡張する意識を、マズローは自己超克者（transgender）となる意識構造として明らかにしたのです。

本章の最初で紹介した「十の世界観＝メタ・マインド、オーヴァー・マインド（大霊《たいれい》）」を「透明な光の虚空」と説明したウィルバーも、宇宙的な広大な宗教意識を表現しています。ウィルバーは、「人間に焦点をあてた四象限」で、統合的な世界観を表しています（ウィルバー『インテグラル・スピリチュアリティ』三六頁）。

自分の心に曼荼羅を描く

これらの近代心理学の多くは、統合意識を目指しています。それらは曼荼羅の理論を展開した『十住心論《じゅうじゅうしんろん》』の現代的解釈を試みているように思えてなりません。第一〇の秘密荘厳住心の核心は、自心の心にマンダを描くことです。そのことを「心曼荼羅《しんまんだら》」といいます。心曼荼羅は肉身をもっていても仏を体得する「即身成仏《そくしんじょうぶつ》」のことです。即身成仏の境地は、まさの宇宙の大空を感得することです。

その密教の具体的な瞑想が「阿字《あじ》の観想」なのです。「阿」字は、大日如来の宇宙生命を象徴する梵字《ぼんじ》で「本不生《ほんぷしょう》」という大空《だいくう》（第七住心）を瞑想で獲得し、生死の迷いを超克することです。阿字を観じながら十住心にある階層を思念し、最後は月輪という真相に至り、月輪の縮小拡大を自由にして、虚空に遍満する生命を感得します。さらに密教瞑想は身口意の三密行《さんみつぎょう》で、前出の五相成身の瑜伽行《ゆがぎょう》（①悟りを求めんと心を修め、②菩提心を月輪と観じ、③菩提心を金剛のように堅固にして、④自身が三昧耶心、仏を完成させ、⑤自身が大日如来となる）を成就して仏そのものとなります。

空海さんは、このような理論だけでなく宗教的実践が密教の特徴であり、顕教《けんぎょう》との違いを十住心でていねいに説明されています。そのことを『即身成仏義《そくしんじょうぶつぎ》』には「秘密金剛は最勝の真なり」と明言されているのです。

ウィルバーの言葉に、「非二元」があります。私たちは両界曼荼羅を説明するときに「不二」の言葉を使います。その二つに非ずとは宇宙即我であり、無限の慈愛に満ちた最も統合された高次のスピリチュアルな次元なのです。

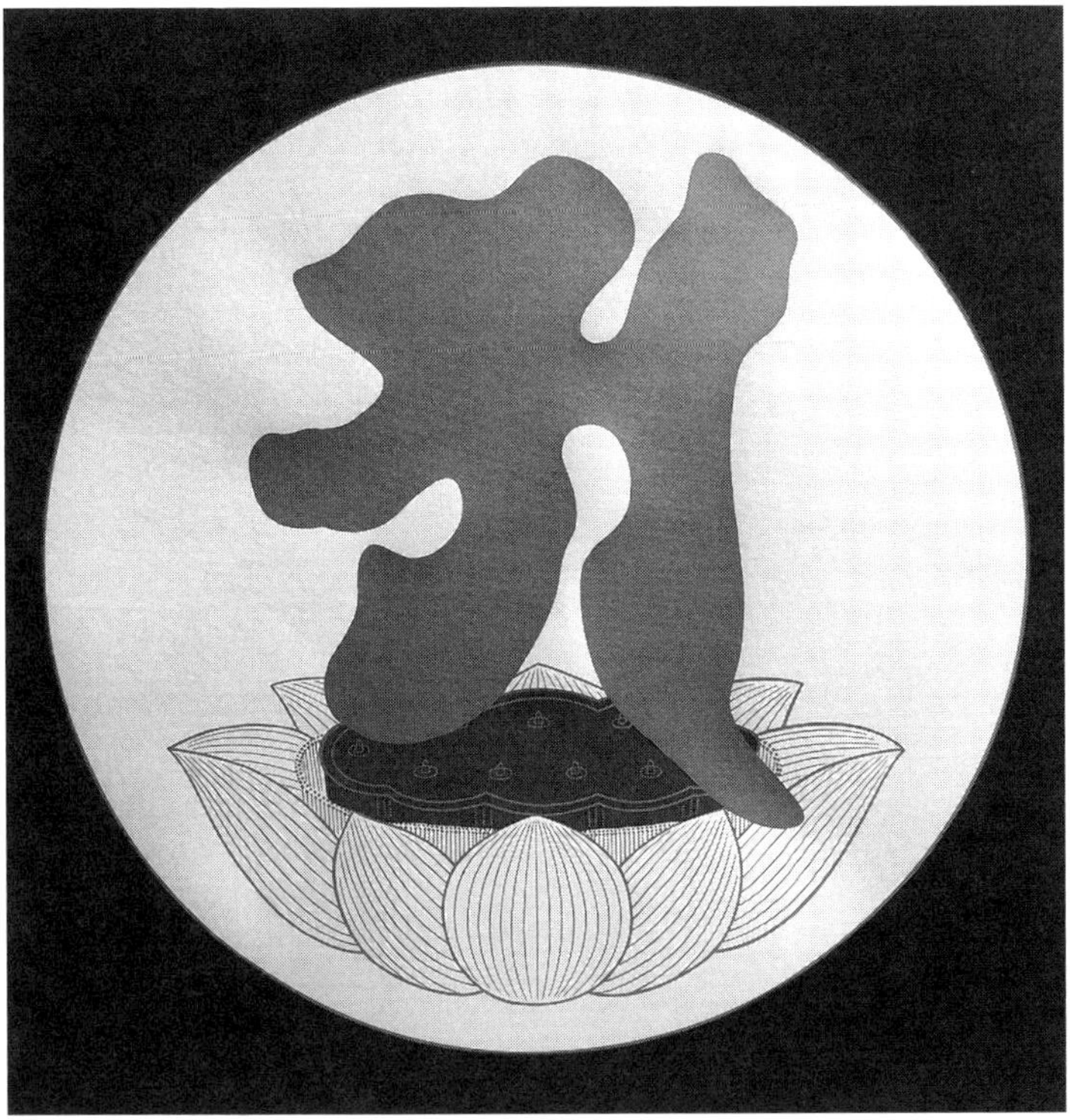

阿字観本尊

悠々《ゆうゆう》たり　悠々たり　はなはだ　悠々たり（弘法大師）

すべてはあなたである。あなたは空である。空は自在に顕現している。自在に顕現するものは、すべておのずから開放されているのだ（ウィルバー）。

空の章

心の秘密の扉を開くために
——密教瞑想のすすめ

1――瞑想の基本

生き方を密教的に

前章の十住心《じゅうじゅうしん》で、密教瞑想《めいそう》が極めて重要な意味をもつことが理解されたと思います。空海さんの説いた『十住心論』を読めば、どんな人でも「悟る」を目指した生き方ができるということがわかりました。しかしただ知識でわかったからといって、実は簡単に悟れるほど現実は甘くはないですね。

私たちの住んでいるこの現象界は肉体的な三次元の世界なので、身体の制限を余儀なくされています。ですからこの身体をもって悟るという「即身成仏《そくしんじょうぶつ》」を目指すためには、まず心と体のバランスを図らねばなりません。

そのためには、密教的な生き方を自分のものにすること、つまり身口意《しんくい》の三密行《さんみつぎょう》を実践することにあります。その要は、生き方のビジョンをつくる「意」の調整です。先に「健全思考」を強調しました。自分の実現したいと思うことを明確にすることです。

それには第一番目に「あるがままに生きる」という大きな志を持つことです。大日経《だいにちきょう》にある「実の如くに自心を知る」ということが、それに該当します。

自心を知るとは、自分の心の性格を分析するということもありますが、実はもっと積極的なこととしては、「自分がこれからどんな生き方に、いのちをかけるか」という覚悟でもあります。

これまでの生き方を痛切に省察して、「仏となって生きる」という強い意思が大事なのです。その心を確立するにはどうしたらいいかというと、「瞑想を生活に取り入れる」ということです。この覚悟があなたの人生に「光のスイッチ」を入れるのです。

「なぜ、瞑想がそんな効果があるの?」と、疑問に思われるかもしれません。本書で何度も、瑜伽行《ゆがぎょう》という密教瞑想について触れてきました。

瞑想は禅定《ぜんじょう》ともいいます。禅定というのは、パーリ語で「jhāna:ジャーナ」といい、「思慮する」「深く思い到る」「おもんぱかる」というような自分の心を見つめる意味があります。これがのちに中国へ渡って「禅那《ぜんな》」となり、「那」が抜けて「禅」と独立して呼ばれるようになります。

瞑想が深まって、三昧《さんまい》「samādhi:サマーディ」（密教では三摩耶《さんまや》）という境地に至ると、静かで歓びに満ちた心境を味わうことができるようになり、絶対安心が訪れます。

瞑想は、基本的には場所も時間も選びません。初心者でも、静かな落ち着ける環境と時間帯が確保できていて座れる空間があれば、瞑想はどこでもできます。瞑想は日常の時間を離れて、非日常の時間をつくり、自分のために心やスピリチュアリティを高める行為です。瞑想の前に軽い柔軟体操をしておくことも、心身のバランスを整える意味ではとても大切です。瞑想の大きな流れは、「準備」「導入」「中味」「高まり」「終焉」の順になります。昔から瞑想のわかりやすい展開として、「調身《ちょうしん》」「調息《ちょうそく》」「調心《ちょうしん》」を段階的に教えてきました。

「調身」は、長い時間でも座っていられるように身体の条件を整えることです。つまり、瞑想前の軽い準備運動のことです。広義の意味では、身体的健康であり、日ごろから体の調整を図って、太りすぎず痩せすぎず中道を保って、身体の健全に留意することを教えています。

「調息」は、息を大きく吸ったり吐いたりしながら呼吸に注意してみることです。呼吸は、身体と心をつなぐ重要な役割を果たしています。

「調心」は、心を整えることです。「調息」で呼吸が調和されると、次に心に集中し、その結果訪れる心の安らぎのことです。いわば瞑想のゴールです。

瞑想と呼吸については、のちほど説明します。

瞑想の座り方は

瞑想の基本的な姿勢は、心を落ち着けて穏やかに座る静座です。昔は座法については僧堂で厳しく指導しましたが、最近の日本人は日常生活で正座をする習慣がないために、畳や床にきちんと座れない人が多くなりました。そのため、近年は椅子なども用意して、あまりやかましくいわない僧堂もあります。それでも、宗派によっては、今も厳格に姿勢を指導しているところもありますから、瞑想指導者の指示に従うようにしましょう。

慣れてくれば、その人なりの瞑想のスタイルがあってもいいと思いますが、最初はなるべく基本にならって行うことを心がけてください。実は、これが早く上達する近道であり、自分の生活に上手に取り入れる秘訣でもあります。座法には、大きく分けて次の六とおりがあります。
①結跏趺坐《けっかふざ》（蓮華座《れんげざ》）：両足を互いの大腿部に乗せて組む姿勢。
②半跏坐《はんかざ》（半蓮華座）：片足をもう一方の大腿部に乗せて組む姿勢。
③大和坐《やまとざ》：あぐらの姿勢になり、足は組まない。
④椅座《いざ》：椅子などに坐って下半身を楽にし、上体の姿勢を保つ。
⑤正座をする。
⑥仰臥体になる（横になる）。
瞑想は、どの姿勢でも構いません。病気や障害などがあって座っていられない人は、⑥の仰臥体で寝そべったままでも瞑想ができます。ただし、この場合、瞑想前には十分に睡眠を取っておくことが肝心です。横になって深い呼吸をするとリラックス効果があり、眠ってし

まうことがあるからです。

座法の選択は自由ですが、肝心なのは、導入時に「背すじをのばして、気の流れをしっかり確認すること」です。初めから背すじが曲がっていたり、不自然な格好のまま瞑想すると、うまく姿勢を長時間保つことができませんし、瞑想へのモチベーションも長続きしません。両手を上げて大きな背伸びを二、三回するといいでしょう。

さらに、手の位置は仏像のお姿からもわかるように、さまざまです。仰臥体以外の静座をした状態では、おのずと足の上に置くことになりますが、一般的によく用いられているのは、法界定印《ほっかいじょういん》という手印です。これは、手のひらを上にして左手のうえに右手を乗せ、左右の親指を中心で合わせる方法で、宇宙的な命を表す大日如来《だいにちにょらい》の印でもあります。

また、両手の手のひらを上にして、それぞれの膝の上に乗せる印もあります。これは、ヨーガの教室で多く取り入れられているスタイルです。このとき、指は自然に伸ばす方法もあれば、親指と人差し指でリングをつくり、他の指は自然に伸ばす方法もあります。

目線についても確認が必要です。仏像のお顔をよく見ると、眼を閉じているのか開けているのかわからない表情のものがあります。瞑想の目線は大きく分けて、半眼、閉眼、開眼の三種があります。初心者なら集中するために、眼を軽く閉じる閉眼瞑想がおすすめです。

大事な瞑想前の準備呼吸

座法がわかったら、次は呼吸法です。普段の呼吸は、誰に教わらなくても生まれながらに自然にしています。ですから、瞑想においても、基本的には自然で無理のない呼吸そのものでいいのです。

しかし、ヨーガや仏教では初心者に対する呼吸法をていねいに教えています。瞑想のための呼吸法の基本を学ぶことによって、瞑想がより深く意義のあるものになります。その結果、優れた自己管理の道具となり、自己の再発見をもたらしてくれます。

私は二〇年以上も前から、瞑想セッションを実施してきました。その経験から得た、できるだけシンプルで効果的な瞑想前の呼吸法を紹介しましょう。

座法や目線が定まったら、口から大きく息を吐きます。唇を前に出して、細く長く遠くに息を飛ばす感覚で吐き、自分の体内にはもう息はないと思えるほど、しっかり最後まで吐き切ります。

吐き切った反動で、鼻からすうっと息を吸います。これは吐くほど長くなくてもいいので、勢いよく体内に新鮮な空気が入ってくるのを気持ちいいと感じるくらいです。最初は五、六秒で吐ききって、その半分の三秒くらいで吸い上げると、気持ちよく続けられます。吸い込んだ空気を大切にしながら、再びゆっくり息を吐き出します。この「吐く息」と「吸う息」

に意識を集中して、七回以上繰り返してください。一回ごとに「ひと〜つ」「ふた〜つ」「みい〜つ」と声に出して数えてもいいでしょう。

なぜ七回なのかと問われると、はっきりした論拠ではありませんが、どうやら脳波が変化するようです。仏教の真言念誦《しんごんねんじゅ》なども七回唱えることを習慣としていますので、七という数字には不思議なパワーがあるのでしょう。

この呼吸法は回数を限定されていませんので、あなた自身が「心が落ち着くまで」適宜行ってください。私たちの身体状態や心の状態はいつも同じではありませんし、さまざまな状況を引きずりながら瞑想に入る人も少なくないでしょう。ですから、心を平安に保つための呼吸回数は、人によって、あるいはその時によって異なるのは当たり前なのです。

吸う息と吐く息との間に「保息《ほそく》」といって、二〜三秒間息を止めて呼吸の流れを感じる呼吸の仕方もあります。呼吸法もいろいろあるのです。

ここでおすすめなのは、瞑想を自分のものにするためのアプローチとして、「私は○回深い呼吸をすると、心がリセットされて平安が訪れる」と、今を感じながら繰り返し呼吸する方法です。いつしか、その回数の呼吸をすると、いつでも心の安らぎを獲得できるようになります。呼吸法の明確なビジョンを形成することです。

深い呼吸法が一段落したら、普通の呼吸に戻します。いつもと変わりないリズムの呼吸なのに、ゆったりとした感覚になっていて、深い呼吸をする前と今とでは、呼吸の流れも変わっていることに気づくはずです。

このあとの瞑想では、鼻だけの呼吸を行います。つまり、鼻から吸って鼻から吐くという繰り返しです。

音楽を取り入れるとぐっと効果的に

私は音楽療法士の資格もあって、お寺や病院でケアや瞑想の一環として音楽を活用しています。環境音楽のような静かな音やナレーションCDなどを流して瞑想をすることも有効です。音を使わず瞑想してもいいのですが、音楽を活用することで瞑想の導入がしやすくなるという効果はあります。

これについては「音楽療法」の視点から説明しましょう。音楽療法とは、「音楽の持つ生理的、心理的、社会的働きを、心身の障害の回復、機能の改善に向けて、意図的、計画的に活用して行われる治療技法である」と日本音楽療法学会では定義されています。

瞑想の中で音楽を活用することは、心の安定、緊張緩和、ストレス軽減、人間性・スピリチュアリティの向上などに影響を与えていることがわかります。

瞑想では自己意識の洞察が行われますが、音楽を活用するともっと早くに深い境地に達することができるのです。

瞑想時に音楽を活用するには次の三パターンがあります。

最初から最後まで音楽をかける。

最初の導入部分だけ、音楽を活用する。

最後のクールダウンだけ、音楽を活用する。

どれが自分にしっくりくるのか、いろいろ試してみてください。ちなみに、自分の心が安らかになる音楽であれば、最初の呼吸法のところで流すのがおすすめです。スムーズに瞑想に入れます。いつも音楽が必要かというとそうではありません。音のない世界も瞑想には大事なのです。

瞑想中の雑念はどうするか

「瞑想中の意識は、どうあればいいですか」というのが、瞑想研修会などでも一番多い質問です。

瞑想初心者では、いろいろ浮かんでくる雑念に悩まされる人は多いようです。前にも述べたように私たち人間は「生（なま）もの」ですから、常に動いています。身体は動いていなくても、細胞は働き続けています。つまり、意識も同じように動いているのです。瞑想だからといって、すべての動きを完全にストップするのは容易なことではありません。しかし、心配はご無用です。訓練で少しずつ調整できるようになります。

瞑想入門時に次々と浮かんでくる雑念に多いのは、「私には瞑想は向いていないかも」とか、「瞑想しても集中できないのは私がいけないのかしら」など思って、不安感が先立ってしまうことです。

しかし、その判断は早計です。たくさんの雑念に追いかけられるあなたこそ、瞑想が必要な人であり、やがて瞑想の達人になれるのです。

雑念は前にもお話ししましたが、意識の底から浮かんでくる水泡のようなものです。ほうっておくと自然に消えていますから、無理に追い出そうとしたり、無理に無視しようとしないことです。瞑想中は自然に出てきては消える雑念を、そのまま観察しているだけでいいのです。

また、瞑想中の作業は吐く息と吸う息だけに意識を集中してください。たとえば、「足が痛いな」という雑念が出たら、「呼吸に戻る、呼吸に戻る、呼吸に戻る」と三回ほど自分に言い聞かせることによって呼吸に集中し、雑念から離れられます。このように、雑念から集中に戻る訓練を何度も繰り返すことによって、そのうちに雑念に惑《まど》わされなくなります。

それでもなかなか消えないしつこい雑念は、「今後私が瞑想によって洞察し、解決する課題であるかもしれないな」というくらいにとどめておき、紙などにそのことを記録しておきましょう。

すべては意味のあることですから、あるがままにゆったりと受け止めて、瞑想を続けることが大事です。

無念無想ではない「しっかりと思う」瞑想

雑念と同様に、瞑想のような静かな環境では、ふだん自分が気になっていることが表面意識に表れてきます。これを想念の中の雑念といいます。初心者の瞑想では、その想念を「ありのままに観察する」ことを繰り返し実践します。

要は、そのときに浮かんでくる意識をそのまま観察して「あぁ、今私の中にある思いは、こんなことを感じているのだな」と、ちょっと自分を冷静に見ているもう一人の自分を意識化します。そしてすぐに結論を出すことはせず、その想念を観察し続けます。

そのうち「この思いはしばらくようすを見ておこう」というように、自分なりに思いを受容しながら、次の課題を見つめます。次々と出てくる雑念を、今の自分にとってすぐにやらなければならない課題か、あとで取り組んでもいい課題なのかをゆっくり観察していきます。これによって、抱えている課題や難題を交通整理することができます。

雑念も想念も、決して悪いものではありません。むしろ、自分という人間存在を知っていくうえで、とても重要な情報が集まっています。自分の内面から出てくる事柄こそ学ぶ対象であり、そこから自己を知っていくのです。生きるうえで生ずる悩み、煩悩や雑念こそ、悟りを目指す種です。煩悩があるからこそ、悟りを目指す活動があります。そういう営みを仏教では「煩悩即菩提《ぼんのうそくぼだい》」といいます。

最初は、自分と他人との間にある境界について、思いを凝らして観察するといいでしょう。たとえば「私がこの世に生まれたときに、両親はどこにいてどんな生活をしていたか。兄妹はどこにいたのか。私はその中でどんなふうに育ったのか」というように、これまでご縁のあった人との関係性や距離感を振り返って観察します。そのスケール（尺度）は、仏教の中道精神で、バランスを崩し偏っていないかチェックすることです。そうすると、そこから自分と周りの人間との境界のつくり方のパターンに気づきます。そういう訓練を、瞑想を通じて行うことが、瑜伽行《ゆがぎょう》の基本として必須なのです。

瞑想のゴールは

瞑想にゴールはありません。したがって瞑想に慣れないうちは、苦しいだけで終わってしまうこともあります。日常の苦しいことやネガティブな事柄ばかりが浮かんでくることも少なくありません。そんなことが繰り返されると、「瞑想なんてもういや」と投げ出してしまいたくなることがあります。

それでも瞑想を続けていると、その人なりに安定した境地を探そうとします。それで、ふっと何ともいえない「安らぎ、平安」が突如として現れることがあります。これも大変重要なメッセージです。自己の執着を手放すという自己肯定のあとに訪れる、安定した意識状態なのです。

瞑想の目標は、「己事究明《こじきゅうめい》」(自己とは何者か)という自分探しから始まって、大いなる意識との融合です。この意識状態をトランスパーソナル心理学では「拡張意識」と呼び、仏教では三昧《さんまい》、悟り、覚醒などと表現しています。そして、最終目標は「自我」にとらわれる執着から離れることです。でもこのことを達成するのは、容易ではありません。

スポーツでもお稽古ごとでも、最初からうまくできる人はいません。ぎこちなくとも諦めずに同じことを続けていると、最初の不自然さがいつの間にか自分の動作に同化して、自然な立ち居振る舞いに変化していることに気づきます。

瞑想も同じです。当初はさまざまな意識の不安定さを自覚して、自己嫌悪に陥り、投げやりになることもありますが、そういうプロセスを通して、やがて瞑想の達人になれるのです。瞑想の安らぎ感を体得できたということは、あなた自身の魂の成長につながっています。

ここまでが、瞑想の基本です。これらを基にして、次の項からは四つの瞑想メソッドを説明しましょう。

四つの瞑想メソッドを活用する

私は仏教の瞑想や他の宗教――たとえばヨーガ、キリスト教、ユダヤ教、イスラム教などでも瞑想が信仰を深めたり、心身機能の高める有用性があることを研究によって知りました。そこでさらに現代的に活用できるように、四つのメソッド（方法）を京都大学「心の未来研究センター」で研究開発しました。すでに、それに関する著書も三冊ほど書いていますので、参考にしてください。

それは、「ゆるめる瞑想」「みつめる瞑想」「たかめる瞑想」「ゆだねる瞑想」です。この四つの瞑想法を日常生活にうまく取り入れることによって、密教ライフがより確かなものとして定着すると信じています。

2――「ゆるめる」

ゆるめる瞑想法（緩和、集中瞑想）

私たちは心身をゆるめると、逆に一点に集中できるようになります。集中する瞑想法《めいそう》を発見したのはヨーガの瞑想者たちですが、仏教に取り入れられて「シャマタ瞑想」（ひたすら呼吸の出入りに集中する瞑想）となりました。中国仏教では天台宗《てんだいしゅう》の智顗《ちぎ》が、修行や健康生成法としての瞑想法を教え、『摩訶止観《まかしかん》』、『小止観《しょうしかん》』として日本にも導入されました。

先行研究では、瞑想すると私たちの身体は生理学的に次のように変化をすることがわかりました。

①酸素消費量と二酸化炭素排出量の大幅な減少による深い休息が生じる。
②呼吸数、分時換気量、心拍数が大幅に低下する。
③皮膚電気抵抗値が急激に増大するが、これは深いくつろぎ状態を意味する。
④動脈血の酸素分圧と二酸化炭素分圧、酸塩基平衡、血圧などの安定性が示すように、重要な生理機能は維持されている。
⑤動脈血中の乳酸濃度が減少する。

⑥脳波の変化は前頭部と頭頂部でアルファ波とシータ波が増大しており、これは深い休息にありながら目覚めた機敏さを示唆する（ワレス『瞑想の生理学』）。

これからの瞑想の効果は、アメリカの権威ある専門誌『サイエンス』にも紹介され、予防医学的な視点や健康回復を目指す分野でも研究が行われ、科学的にもその効用や効果について解明されています。二〇一六年七月一五日の京都大学図書館の論文検索エンジンを見ますと、瞑想（meditation）というワードを含む国際論文は、なんと七八万三三九六本もヒットします。瞑想の医科学的研究は、今や心理学の領域だけでなく、統合医療や緩和医療、老年・長寿に関する医療などにも及んでいます。

心身をゆるめる「五分間瞑想」

まずは、心身を緩めるための「五分間瞑想」を日常に取り入れることをおすすめします。「五分なんて短い時間で瞑想できるのかしら」と思う人もいるかもしれません。しかし、五分間瞑想は、徹底したリラックスタイムを呼吸でつくり出すことにほかなりません。

私たちは朝起きてから夜眠るまで、心身とも休みなく動かし続けています。その中で、自分自身のために静かな五分間を確保することは、とても有意義です。瞑想という言葉にこだわらず、「私自身へのケア」と思って、まずはやってみてください。流れを説明しましょう。

①椅子や座布団などに静かに座り、眼は軽く閉じます。
②自分にとって気持ちが楽になる風景をイメージします（海、里山、小川、花畑など）。
③口から大きく長く息を吐き、鼻から無理なくゆっくりと息を吸います。この呼吸を七回以上、心が落ち着くまで繰り返します。
④心の落ち着きを感じたら、普通の呼吸に戻します。
⑤瞑想に入ります（三分間）。
⑥タイマーなどを使って、時間になったら、一回だけ大きく深呼吸して瞑想をやめます。
⑦ゆっくりと背伸びをしたり首を回したりして、心身の調和を図ります。
⑧椅子や座布団を片づけて、瞑想が終焉したことを確認します。

導入の①〜④までで約一分間、⑤が三分間、⑥〜⑧が一分間で合計五分間になります。実際の瞑想時間そのものは三分ですが、その時間は集中していますから、かなりのリラックス感が得られます。目覚めの朝や就寝の前、試験の前や大事な仕事の前など、日常生活の中に取り入れて、リフレッシュ効果を上手に活用してください。

深い瞑想をすると免疫神経伝達物質のオキシトシン（oxytocin）が分泌されることは知られていますが、東邦大学の有田秀穂氏によれば、オキシトシンの分泌によって、セロトニン（serotonin）神経が活性化してセロトニンが分泌されるということ、またセロトニン神経が活性化されると、脳の状態が安定し、心の平安、平常心をつくり出し、自律神経に働きかけて、痛みを和らげる効果があることがわかっています。

つまり深い呼吸法や瞑想の繰り返しによって、「①人への親近感、信頼感が増す、②ストレスが消えて幸福感を得られる、③血圧の上昇を抑える、④心臓の機能をよくする、⑤長寿になる」という研究結果もあるのです（有田『脳の疲れがとれる生活術』）。

3――「みつめる」

みつめる瞑想法（観察、洞察瞑想）

仏教では、「主観的に自分を洞察できること」と「客観的に自分を観察できること」の両方を大切にしています。そのため、昔から瞑想《めいそう》という行為を通して自分の心を見るさまざまな方法が研鑽されてきました。初期仏教ではヴィパッサナー瞑想、中国では摩訶止観《まかしかん》や小止観《しょうしかん》という瞑想、日本へ渡って阿字観法《あじかんほう》、公案《こうあん》、内観法《ないかんほう》などとなりました。

事実を見て確認する「観察瞑想」

仏教では前出の「末那識《まなしき》」「阿頼耶識《あらやしき》」の観察を重視しています。どちらも表面意識の底に潜んでいる潜在意識のことであり、人生における自己の課題や目的に関わるものです。

そして、自分の心身に起きている事実をありのままに認識するのが、観察瞑想です。「家庭や社会における今の自分の位置」「複雑な仕事や課題」「対人関係の課題」「ネガティブな自意識」や、深層意識に潜む「過去のトラウマ」「コンプレックス」「脆弱感《ぜいじゃくかん》」「厭世感《えんせいかん》」などもあります。それらは、阿頼耶識の手前の末那識に潜んでいる意識です。それをありのままに観察します。

瞑想は、さまざまな事実確認を自分の意識や心で行っていく作業です。このとき「自己の本質的な心理状態を客観的に見られる位置におく」という訓練がポイントになります。人間はある意味で感情的な生き物ですから、第三者として自分を見ることが苦手です。どうしても自己防衛が働き、感情移入してしまい、自己を正当化したくなります。

ここでちょっと実験をしてみましょう。右手の親指と人差し指で、自分の左手の甲をつまみ上げてください。痛いですよね。ここで観察です。「痛みを感じる自分の手の甲」と「痛いという自分の意識の両方」を観察し続けるのです。やがて痛みが和らぐのを感じることと思います。痛みは脳神経が判断します。しかしそれを観察し続けると、事実を確認した意識が「そんなに大げさな痛みではない」と判断し、あるいは痛みを和らげる伝達物質を分泌して痛みが和らいでいきます。このような訓練が、「悩む私」をじっくり観察する基礎をつくってくれます。

観察瞑想では自我意識をいったん解放して、どこまでも今の自分をありのままに、第三者的に、客観的に見ていきます。たとえば、問題の所在が自分ではなく相手にあったとしても、単に人のせいにするのではなく、そのときの自分の心に起こったことを、もう一人の自分がしっかり観察するのです。これを繰り返すことによって、自己を第三者的に見る習慣ができ、その後の洞察瞑想に入りやすくなります。

この瞑想は、仏教では「四諦《したい》の観察と八正道《はっしょうどう》における正見《しょうけん》、正思《しょうし》、正語《しょうご》の瞑想」に該当します。「諦」とはものごとを「あきらかにみること」であり、最終的には中道の精神で、執着を手放す境地です。

健康意識の高まりから、瞑想をする現代人は多くなっていますが、洞察的、内省的瞑想を実践することが、東洋的な瞑想の王道なのです。

その前提となる観察瞑想を上手に行うコツは、最初に徹底して「一つの対象を見続ける訓練」をすることです。たとえばりんごを目の前に置いて、ひたすら見続ける訓練をします。りんごの色、形、ツヤなど細かく観察するのです。うまくできるようになると、次にはありのままの自分の今の心や過去の心（行動と思念）を観察し、それらのつながりとしての「縁《えん》起《ぎ》」を思惟することができるようになります。

絆——縁起を思惟する

縁起《えんぎ》は、仏陀が菩提樹下において、すべての関係性・つながりや原因と結果の法則として示された教えです。それは日本のみならず広くアジアの国々で、ものごとの由来や関係性を表現する用語として、人々の生活や文化、精神性に多大な影響を与えてきました。

縁起とは、サンスクリット語でプラティィットヤ・サムトパーダ（pratītya-samutpāda）といい、縁生《えんしょう》とは「縁起によって生じたもの」の意です。現象的存在が相互に依存しあって生じていることで、「諸の因縁によって生じたこと、因縁によって現れるもの」という解釈もあります。また縁とは「あらゆる条件」という意味もあります。そして縁起とは「すべての現象は、無数の原因（因 hetu）や条件（縁 pratyaya）が相互に関係しあって成立しているものであり、独自自存のものでなく、諸条件や原因がなくなれば、結果（果 phala）もおのずからなくなる」ということです。

初期の経典で『縁起法頌《えんぎほうじゅ》』には、次の教えがあります。

如何なる事物も因縁によりて生起す、如来はそれらの原因を説くなり、またそれらの滅《めつ》尽《じん》をも、大沙門《だいしゃもん》（釈尊）はかくの如きの主張者なり。

人生の苦悩はさまざまな原因と結果の法則のなかで創り出されてきます。その苦悩の観察が「十二因縁《じゅうにいんねん》」と呼ばれるものです。十二因縁については、前章の十住心《じゅうじゅうしん》にところで詳しく述べましたので、ここでは省略します。ただ、ここでは真理に到達することができない状態である無明《むみょう》とは、身体作用や精神作用のさまざまな認識への理解が、煩悩《ぼんのう》によって苦しみをつくり出し、それを原因に生老病死にまつわる欲望や葛藤、執着がつくり出されるということ、この原理を知ることです。

迷いの全体の認識を深め、その苦悩の輪廻《りんね》から解脱《げだつ》することが、仏陀の説いた四諦《したい》の道なのです。つまり十二因縁は人間存在が苦悩や煩悩を生み出すことを観察し、洞察する方法論を示しているのです。

仏教の苦(duhkha)は前述のごとく、「思い通りにならないこと」という心の不自由さを表しています。さらにその四苦に「求不得苦《ぐふどっく》、怨憎会苦《おんぞうえく》、愛別離苦《あいべつりく》、五陰皆苦《ごおんかいく》」を加えて八苦になることも、仏教は教えています。

人間の四苦八苦を静かに洞察することが瞑想なのです。まさに本質的な煩悩である業をしっかり見つめて、人生の「無常、苦、無我」を知り、心を自由に解き放って、それでも今ここに生きる価値を見出すことです。

事実の背景や内部を探る「洞察瞑想」

観察瞑想がある程度できるようになったら、次は洞察瞑想です。観察瞑想から洞察瞑想へと深めていくのは一つのステップで、初級から中級を目指すようなものです。

たとえば、野球でピッチングや打撃がある程度思いどおりにできるようになったと自覚します（観察）。しかしそれだけでは、今度の試合には勝てません。勝つためには、どんな作戦を立てて、自分はどういう働きをすればよいかを考えます（洞察）。こうすることによって、野球の技術は上達し、試合の内容も深まっていきます。

洞察瞑想は、観察瞑想で得た「家庭や社会における今の自分の位置」や「コンプレックス」などの課題について、その出発点まで遡って、原因と結果のありさまをゆっくりと見ていく作業です。原因究明をしっかりと行う必要があるので、ここでも冷静で客観的な視座が求められます。怒りや悲しみなどの感情があまりにも強く現れるときは、深い洞察は難しいです。冷静に事実を客観的に見ることができるようになるまで少し時間をおき、クールダウンしてから再度行うといいでしょう。

私たちが人生を歩むうえで、スピリチュアリティの危機や困惑を経験することは、意識向上に必要な体験であり、プログラムなのです。その事実から逃げずに、しっかりと向き合い、乗り越えることができたとしたら、人生が有意義なものになることは間違いありません。

しかし、誤解しないでいただきたいのは、スピリチュアリティの向上というのは、病気が治るとか、長生きをするといったことと必ずしも連動しているわけではないということです。

その人の人生プログラムによっては、重い病気を患ったり障害を背負ったり、結果として短い人生を送ることも、スピリチュアルな経験として存在します。

肝心なのは、あらゆる人生模様に意味づけができて、その人らしく生きられるような「ゆるぎない平安な私のこころ」を創出することです。これは、最終的に自己のスピリチュアリティの成長を促すという意味で、洞察瞑想の大きな目的の一つといえます。

洞察瞑想は、自分が課題とするものの原因と結果の姿や、将来の方向性を見続けることですから、深く掘り下げる訓練がとても重要です。洞察が進むと、日常の行動の中でも、すぐに洞察的思惟が起こって行動を調整してくれます。

洞察瞑想は、前述した不完全思考を健全思考に変容する働きがあります。そして洞察瞑想の終焉は、自分の内面世界の掃除であり整理なのです。過去のトラウマや苦しかった出来事を思い出すことはつらい作業ですが、いったん冷静に客観視できるようになると、洞察は進み、最終的には苦しんだ自分さえ許すことができます。

自分を一番知っているのは誰ですか。それは自分自身ですね。だから苦しむのですが、真実を知っているのもまた、ほかでもない自分自身なのです。

そして自分を一番愛せるのも自分自身です。だから、つらかった、寂しかった過去を自分で修復するプログラムが洞察瞑想であり、「愛されていなかった幼いころの私」を発見したならば、幼児期の自分をもう一度よく思い出して、「おまえもよく頑張ったね」と、今の自分が幼い時の心を抱きしめてやることです。その愛情表現の作業が、自分を癒してくれるのです。そのこと自体がself-care（セルフケア）と自然治癒力そのものなのです。ちょうど花に水をまくように、自分の奥深い心に愛情の水を注いで、愛情不足を補うことが最も大切なことです。自己の本性をあるがままに認め、それを向上させることが密教の強みです。

4 「たかめる」

たかめる瞑想法（促進、生成瞑想）

「たかめる」とは、自分の中にある、生きようとする力や機能を高めることです。まさに、瑜伽行《ゆがぎょう》の目的であり、ここから密教瞑想《めいそう》の重要な役割があります。

もともとインドでは、丹田《たんでん》（臍《へそ》の奥にあたる部分）にある生命エネルギーを高める方法がヨーガの瞑想法で発達し、その後の仏教にも影響を与えました。中国では、気功や仙道《せんどう》に用いられて、不老長寿への志向が盛んになりました。また密教の瞑想にも応用され、月輪観《がちりんかん》、光《こう》明瞑想《みょうめいそう》などに発展しました。

ヨーガ経典には、身体の感覚機能を調和し心身を克服することによって、より次元の高い境地、本当の我（真我《しんが》）に到達する方法が詳しく説かれています。ヨーガの瞑想法には、かなりストイックな思考や実践性がありますが、長い伝統の中で培われた叡智《えいち》が確かにあるのです。そのエネルギーの活用法は、密教に受け継がれています。

私は二〇一一年に、高野山でダライ・ラマ一四世から、金剛界曼荼羅潅頂《こんごうかいまんだらかんじょう》を受ける仏縁に恵まれ、密教僧としての瑜伽のスピリチュアリティを大いに高めることができました。

心身の機能を高める

瞑想時のゆったりした呼吸は、自律神経の一つである副交感神経を優位にし、血管へ作用した結果、動脈壁はより伸びやかで弾力性に富むようになります。また、血液の流れは、末梢抵抗に遭遇しながらも内臓の器官や組織にスムーズに運ばれます。脳の活動と筋肉の緊張は抑えられ、血液が体内のシステムを上手に循環することによって、心身の機能は向上し、健康も向上するのです。

実際に、瞑想が脳や筋肉に好転的な影響を与えて、健康生成に大きな貢献をしていることは、さまざまな研究から解明されています。健康生成とは、私たちが健康を増進するうえで助けとなる力のことです。

さらに、瞑想は現代の精神科医療にも取り入れられ、薬物療法だけでない新しい精神療法としての領域を担っています。私は、飛騨の精神科病院のデイケアにおいて、うつ病やパニック障害の方々を中心に臨床瞑想法を実施したことがあります。また別の医療機関では、現在もがん末期、慢性疾患の方にも瞑想法を施して、心身機能の向上に役立ててもらっています。

密教瞑想はエネルギーレベルや免疫力を上げ、病気と闘い、病気になるのを防ぐといった効果があります。これまでの研究から、瞑想によって心身の機能がアップすることがわかっています。具体的には、①心拍、血圧の降下、②脳や心臓への血流の増加、③脳波、筋電信号、皮膚抵抗の正の変化、④睡眠や消化の良好化、⑤イライラ感、不安、抑うつ感の減少、⑥病気の頻度、期間の減少、⑦仕事中の事故やロスの減少、⑧人間関係の改善、⑨自己実現、感情・スピリチュアル指数の向上などがみられます。

また、アレルギー性疾患、ぜんそく、不安、酸性消化性疾患、がん、心臓疾患、うつ（神経症）、糖尿病、高血圧、過敏性腸症候群、偏頭痛、薬物依存（喫煙、アルコールも含む）、緊張性頭痛、その他ほとんどの病気の治癒および改善がみられるという報告もあります。瞑想が禁忌《きんき》（適用できない状態）とされるものとして、精神病、重症のうつ、急性錯乱状態、極度の不安、認知症などが含まれていますので、実施にあたっては瞑想希望者の心身症状を見極める慎重さは不可欠です

スピリチュアルな面に注目する

仏教はインド古来の文化や思考を受け継ぎながらも、独自の「中道」というバランスのとれた生き方を示しました。『摩訶止観《まかしかん》』には、瞑想の姿勢や呼吸法を中心に、「気」を充実する方法が次のように説かれています。

①止：心を安定させて動きを止めること。
②気：気を充実させて瞑想の心境を確立すること。
③息：深呼吸をして息を整えること。
④仮想：仏を心にイメージして描くこと。
⑤観心：自らの心を内省すること。
⑥方術：快癒に導くための医療的方法のこと。

これらは、自らの自然治癒力を高めます。瞑想を行うことによって自らの身心をコントロールし、日々の健康を回復し、安らかな心境に至ることができるのです。つまり「たかめる」とは、身体レベルだけではなく、「どのように生きるか」という、よりスピリチュアルな側面に重点が置かれているといえます。これは心身統合論でもあり、「心身一如《しんしんいちにょ》」の生き方なのです。

「たかめる瞑想」の基本は、まずしっかり呼吸すること。次に洞察瞑想で得られた心身の調整を、意図的に高めるようなイメージをつくります。このイメージが大事なのです。

臨床瞑想法においては、クライアントが身体に異和感を感じていないかを確認してから始めます。特に身体の痛みは意識の集中を妨げますので、その場合は身体ケアを施してから瞑想に入ります。前出のGIM（音楽イメージ瞑想法）やサイモントン療法（がんの専門医であるC・サイモントン博士が開発したイメージ療法）などが、この領域の現代版でもあります。

5「ゆだねる」

ゆだねる瞑想法（融合、統合瞑想）

「ゆだねる」とは、自分の「いのち」を「大いなるいのち」や「大いなるエネルギー体」にゆだねることです。「自分の命をゆだねるなんて、そんな恐ろしいことはできません」という人は多いと思います。しかしこれは、あえていえば「人事を尽くして天命を待つ」という心境です。自分では努力や学びをせずに棚ぼた式に幸せが手に入るように願って、ことの成り行きを見守っている姿勢とはまったく違います。

ゆだねるのは仏、神、天、宇宙、自然、先祖などの大いなる世界で、そのことを「サムシング・グレイト（何か偉大なるもの）」と表現する人もいます。

密教においてゆだねる対象となるものは曼荼羅《まんだら》の諸仏であり、大日如来《だいにちにょらい》そのものです。この瞑想《めいそう》は、小さな我執《がしゅう》にとらわれるのでなく、自己や他者を超えた大きな世界に思いを馳せ、その大我《たいが》に生きる価値を見つけるという意識であり、覚悟の瞑想です。

トランスパーソナル心理学的にいえば、現在の意識状態を確認してから、それが次第に変容していくさまを客観的に観察し続けることです。ゆだねる瞑想は、心が幸福感と安らぎ感に満たされ、大いなる命と融合している感覚が長時間にわたって継続している状態をもたらします。

空海さんは『即身成仏義《そくしんじょうぶつぎ》』で、次のように、語りかけます（カッコ内著者意訳）。

六大《ろくだい》は無碍《むげ》にして常に瑜伽《ゆが》なり

（地、水、火、風、空、識《しき》の物質と意識の統合化は、互いに融合ししつ、互いに連携して存在する）

四種曼陀《ししゅまんだ》は各《おのおの》離《はな》れず

（四種の曼荼羅世界は、融合調和して相離れることはない）

三密加持《さんみつかじ》すれば速疾《そくしつ》に顕《あらわ》る

（仏と衆生の身口意《しんくい》が互いにエネルギーを出し合うが故に、速く成仏円満の境地が現れる）

重重帝網《じゅうじゅうたいもう》を即身《そくしん》と名づく

（宇宙世界のすべての縦横のネットワークが連携調和することが、この身に起きていく）

ゆだねる瞑想は、まさにこの境地をこの身をもって体現すること、つまり即身成仏の境地を味わうことなのです。

自分のスピリチュアリティを信ずる勇気をもつ

通常私たちは、「自分の人生を、自己の能力をもって望み通り最大限に実現する」という「自己実現」を目指して生きています。それは、一つの到達点です。自己実現を成し得た後に最終的に到達する意識を「自己超越」といいます。これは前章のマズローの心理学でも紹介したことですが、自分のことだけでなく、周りの環境（家族、地域、職場）や大いなる存在にも目を向けた生き方といえます。自己実現とは完成を目指すということではなく、その「生き方のプロセスを大切にすること」なのです。

もっとシンプルに考えるならば、「どんな状況下にあっても自己の個性を発揮して、自分らしく自信をもって歩み、そして法縁《ほうえん》（宇宙性、大日如来《だいにちにょらい》、サムシンググレイト）を感じて生きる」ことです。

前に述べたことですが、『大日経《だいにちきょう》』には瑜伽《ゆが》行者の最も実践的なキーワードとして、「菩《ぼ》提心《だいしん》ヲ因ト為シ、大悲ヲ根本ト為シ、方便ヲ究竟ト為ス」（『住心品《じゅうしんぼん》：三句の法門』より）とあります。「清らかな心をもって、大いなる慈悲を己のスピリチュアリティの根本に抱き、さまざまな方法や手法を活用して人々を幸せに導く」ということです。ゆだねる先は悟りの世界ですが、そこは己の深い心に到達する世界でもあります。その境地は、仏教だけに留まるものでなく、あらゆる宗教や思想を超えて人類に大きな慈愛と恩恵を与えてくれるでしょう。

6――密教瞑想の展開

密教瞑想の神髄

密教瞑想《めいそう》で使用される阿字《あじ》や曼荼羅《まんだら》などの表象は、瞑想中に仏心を自我意識に投影させるものとして活用されます。ユング（C. G. Jung, 1875~1961）は、集合的無意識から生まれる直感的な観念として象徴の概念を示しています。サミュエルズ（R. J. Samuels, 1951~）は、象徴を「選ばれた表現が、あまり知られていない事実を可能な限り良く描写する、あるいは定式化する、という事態を前提とする。この未知の事実は、にもかかわらず、存在すると知られ、あるいは仮定される」と定義しています。さらにそのシンボルしての象徴が果たす役割として「イメージの経験であり、エナンチオドロミヤ（所与の立場が、ついにはその対極の方向に動く原理）の法則に従い、（中略）定立、反定立が同じ程度に新たな内容を布置し、無意識の活動から今やその新しいものが出現する。それはしたがって、対立するものを統一しうる中間の場を形成する」としています。

阿字を観想することは、その阿字がもつイメージを内的に体験し、自己の内証として新たな統一に向かう意識が出現することを意味します。

空海さんは、『声字実相義《しょうじじっそうぎ》』の中で「声字、分明にして実相顕わる。声字実相とは、即ち法仏平等の三密《さんみつ》、衆生本有の曼荼《まんだ》なり」として、自心の内面に抱く仏のイメージは、そのまま宇宙性につながっている法身《ほっしん》の感得につながるものであると説明します。

密教瞑想の五相成身（一三九頁参照）は、阿字観に加えてより具体的に、心の変容を教えています。それは「大円鏡智《だいえんきょうち》、平等性智《びょうどうせいち》、妙観察智《みょうかんさっち》、成所作智《じょうしょさち》、法界体性智《ほっかいたいしょうち》」の五智《ごち》であります。この五智の意味は『十住心論』の五番目から十番目までの段階に相当しますので、それぞれの項目で確認してください。

ただ、繰り返すようですが、最後の「法界体性智」の境地こそが、密教の目指す宇宙心です。その絶対平等の普遍的真理に到達することのできる瞑想法が、瑜伽行《ゆがぎょう》の究極の目的なのです。自内証《じないしょう》（自己覚智）を通して、法界という宇宙性を感ずる瞑想法がここにあります。

曼荼羅瞑想

真理を具体的にイメージするのが「曼荼羅《まんだら》瞑想」です。この瞑想は、曼荼羅を本尊や対象物として前に置き、それを観ながら、あるいは感じながら瞑想をすることです。曼荼羅(Mandala)には総集とか円満具足の意味があり、真言密教では、前述のとおり「大曼荼羅《だいまんだら》」「三味耶《さんまや》曼荼羅」「法《ほう》曼荼羅」「羯磨《かつま》曼荼羅」の四種類があります。

近年、現代人が密教思想や曼荼羅に関心を示す理由は、現代社会をリードする科学技術文明だけに頼ろうとする未来志向に行き詰まりを感じ、漫然とした不安感がもたれ始めたこと、分析的、没個性的、微視的な方向に視座を定めてきた現代文明に対し、曼荼羅の世界が全体性と多様性、それに行動力を志向するからであるとの指摘があります。

またユング心理学の研究者からは、曼荼羅は東洋文化の基底をなすものである、また曼荼羅は自分の全体、もしくはその中心をなすものであり、諸宗教の共通の根底をなす普遍人間的な体験とつながるという見解もあります。

曼荼羅を内証《ないしょう》に獲得して生きることは、自心のスピリチュアリティを向上させることにつながります。現実生活におけるスピリチュアルな生き方とは、人間が自己のスピリチュアリティに気づき、他者や環境との調和を図りながら、成熟して宇宙的生命に融合しようとする営みに他なりません。

ユングも曼荼羅を瞑想した

ユング自身は、一九三八年にインドのダージリン近郊でラマ僧から、当を得た曼荼羅の教えに出会いました。ユングは「曼荼羅とは〝ミグバ（dmiga-pa）〟、すなわち精神の像（imago mentalis）であって、深い学識を備えたラマ僧のみが、想像の力によってこれを形成することができる。曼荼羅は一つとして同じものはなく、個々人によって異なる。また僧院や寺院に掲げられているような曼荼羅は大した意味をもたない。なぜならそれは外的な表現にすぎないからだ。真の曼荼羅は常に内的な像である」と理解しました。そしてその内的な曼荼羅を探し出すときに（能動的）想像力が発揮され、個の曼荼羅が創出されるのです。

ユング自身が二〇年にわたって曼荼羅探求をしたと語っています。これらの貴重な経験と深い深層意識の探求をしたユングは、その後に「能動的想像（aktive Imagination）」を構成していきます。ユングの曼荼羅理解は「自我とは異なる心的な人格の中心を意味する」というものです（ユング『心理学と錬金術Ⅱ』）。

「衆生本具の曼荼」として、すべての人々が本来自心に曼荼羅を有しているという空海さんのメッセージは、ユング心理学の説明で補完されます。

チベット密教の瞑想

チベット仏教の瞑想を「鎮静的瞑想」と「分析的瞑想」で説明する人もいます。鎮静的瞑想は「一定の対象――呼吸、心の本性、概念、視覚化したイメージなどに、間断なく集中すること」であり、分析的瞑想は「知的思考や創造的思考を利用するもので、精神的成長に重要な役割をはたす」というものです。そして二つの瞑想が統合されていく金剛乗《こんごうじょう》（密教）の「観想法《かんそうほう》」の瞑想があります。観想法には「諸仏の瞑想」「光の身体の瞑想」「浄化の瞑想」「愛、智慧、慈悲、歓び、寛容の瞑想」などがあります（マクドナルド『チベット・メディテーション』）。

チベット仏教では、「大いなる完成」を意味するゾクチェン（rdzogs-pa chen-po）という真理探究の教えを基に瞑想をすると、菩提心《ぼだいしん》の核となるセムデ（sems-sde）という心の本性を理解することができるといいます。

悟りを意味する菩提心（bodhicitta）の解釈には顕教《けんぎょう》と密教の違いがあることを前述しましたが、顕教での菩提心は、「はじまりのない死と再生の循環である輪廻《りんね》から解放され、ブッダのような最高の悟りを決意する」というのに対して、密教のそれは、「自然状態においてあるがままで完成していること」を自覚することにほかなりません。菩提心はチベット語でチャン・チュブ・セム（byang-chub sems）という表記され、セム（心）はチャン（はじまりから清らか）とチェブ（完成している）の意味から、「慈悲の無碍《むげ》なるエネルギーである心は、自然においてそのまま完成している」という解釈になります（ナムカイ・ノブル『チベット密教の瞑想法』）。

火の章でも触れましたが、チベット密教の（金剛乗）の階梯《かいてい》において、ヨーガタントラの修行の多くでは瞑想が重視され、観想によって本尊と行者が一体となる体験が重視されます。マハータントラでは、段階的な変容儀式次第（生起次第）に則って「顕現と空性が不二ということを目的とする本尊と曼荼羅の複雑な観想」を行います。

アヌタントラでは、究竟《くきょう》次第によって「楽と空性が不二であるという境地（bde stong zung jug）を体験する瞑想」であり、その土台は霊的な脈官とチャクラ（人間の生命や精神の働きをコントロールする非常に重要なエネルギーセンター）をそなえた人間の身体が重視されます。そしてアティヨーガ（ゾクチェンタントラ）では、心の本性である「セムデ（sems-sde）」、三昧に入るために四つの方法を示した「ロンデ（kkong sde）」、そして三昧の境地にとどまり続けるための方法や口伝を伝えるための秘訣の部を表す「メンガギデ（men-ngag gi sde）」の三種の教えがあります。

これらのチベット仏教の瞑想法は「ブッダの境地はすべての有情の心に等しく常に存在しており、すべての生きものは解脱《げだつ》や悟りを得るための潜在的な可能性をもっている」という原初的、根源的ないのち観に立ったものであるといえます。

ゾクチェンの修行で人生に対する態度を変える四つの瞑想法とは、「①人間として生まれることが貴重な機会である、②生は無常である、③カルマの原因と結果、④輪廻はすべて苦しみである」との理解によって心を訓練するのです。

三密の統合で金剛薩埵という仏になる

チベット仏教も日本の密教も、身体、口（言葉）、意（心）からなる三密を仏の三密との統合性で説明しますが、特にチベット仏教ではブッダの三身を、「心の本性の次元のとして法身、潜在的なエネルギーの次元の報身、より物質的次元としての変化身」として、光を放つ金剛薩埵《こんごうさった》の境地を具現化する瞑想が行われてきたのです。

この境地を弟子に伝えることのできる僧侶をグル（指導者）といいます。アヌヨーガの『密意集会』に説かれているグルの意味は「①外的には、さまざまな疑いを断ち切ってくれた知者たるグル、②内的には、秘密真言の口伝を説いてくれた慈愛深きグル、③秘密には、不生なる心の本性を教えてくれた根本のグル、④自然なる土台のグル、⑤清浄なる自心のグル、⑥顕現する象徴のグル、⑦人間の血脈のグル」という七つが示されています。
チベット仏教の瞑想法がすぐれた健康法でもあることは、チベット医学と密接な関係にあるからです。つまりチベット仏教の医学が薬学の裏づけによって、病気の診断、処方、治療、療養など身体の部分に対する解明や治病、健康法においてすぐれた英知をもっており、その実績から心身を一元的にとらえて、心の解明にもつなげているのです。

この紙面ではとうていチベット仏教の大要を説明することはできませんが、要点をまとめていえば、密教の修行とは、本尊に変容する瞑想的境地を獲得することであり、それは自心の光明体験によって三昧に入っていく観想というプロセスをいうのです。

「火の章」で述べたように、真言密教とチベットやネパールの密教にはそれぞれ教えや修行法に違いがありますので、詳しくは専門書をご参照ください。

臨床瞑想を実践し、自他の平安を目指す

ダライ・ラマ一四世は、瞑想する人に「究極の真理を完全に理解し、それについて瞑想することができたら、心は浄化され、そして識別の感覚が消えてなくなるでしょう」と教え、また瞑想は「行いの土台となるべきもの」として、日常生活に欠かせないツールであることを強調しています

また宗教学者のジョン・ヒック（John Hick, 1922〜2012）は世界宗教を概観し、自己を正しく洞察し、大いなる存在に意識を向けようとした模範的存在として、キリスト教では聖人、ヒンドゥー教ではリシ（聖仙《せいせん》）、あるいはジーヴァンムクタ（解脱魂《げだつこん》）、仏教ではアラハン（阿羅漢）、菩薩《ぼさつ》、禅師《ぜんじ》、阿闍梨《あじゃり》など、ユダヤ教ではツァディク（義人）、イスラム教ではワリ（神の友）を挙げています（ヒック『魂の探求』）。

また彼ら聖者が達した心境について、ウイリアム・ジェームス（William James, 1842〜1910）の定義を紹介しています。それは、①現世的な私的関心よりも広い実在に生きているという感覚、ただ知的にではなく、理想の力の存在を直感的に確信していること、②その理想の力が日常生活に自然に継続している感覚。その支配にすすんで身を任せていること、③自己中心性がなくなり、大きな喜びと自由を表していること、④情が否定から肯定へと愛と調和の感情にシフトしていること、⑤霊的な歓喜を経験していること、です。

ここには宗教や信条の調和を願う心や、人として成長すべき方向性が示されています。仏教の行《ぎょう》に即して説明すると、一人の人間が、瞑想を通じて最高の幸せを獲得するということです。それは、個という我執にとどまらず、大我《たいが》というスピリチュアルなネットワークを形成して、世界や宇宙とのつながり意識を創出することでもあります。

本書を読んでいるあなたは、たとえ一人で生きていたとしても、もはや一人ではなく、大いなる大日如来《だいにちにょらい》の宇宙意識とつながっているという自覚が大事なのです。

統合の素晴らしさを知る

個人や社会が統合していくためには、さまざまな瞑想のエッセンスを活用するのが有効です。私が提唱する「統合瞑想」(integrated meditation)は、個人の統合性(personal integration)と環境や社会の統合性(integrity of nature and society)の二つを目指しています。したがって統合瞑想は、多義的、多元的でマンダラ的であり、人間の生活のさまざまな場面で応用できると同時に、自己の健康づくりやスピリチュアリティの向上にも活用できるものなのです。「ゆだねる瞑想」のポイントは、どこまでも広大なる大空をイメージすることから始めることです。日常の悩みや課題は、いったん横へ置いて、自由な自分を感じてください。そして心に安らぎを感じたら、イメージを膨らませて、宇宙に広がる自己を意識してください。

現代に生きるわれわれの使命は、心身の調和をもたらす「統合瞑想」の実践を通して、未来の平和社会実現を目指すことだと私は考えています。

密教瞑想についてひと通り紹介しましたが、本を読んだだけでは、なかなか理解しにくいこともあるでしょう。そんな方は、飛騨千光寺《せんこうじ》での「瞑想セミナー」や、東京、名古屋、大阪で適宜に開催している「臨床瞑想法研修会」にぜひご参加ください(千光寺、http://senk

飛騨千光寺本堂正面

ouji.com/ 臨床瞑想法教育研究所)。

いずれにしても、瞑想は「シンプルに生きる」「いさぎよく生きる」という人生プランに最適なツールです。瞑想の利便性と機能性を少しでも身につけているのと、まったく知らないのでは、その生き方は大きく異なります。ぜひこの機会に、自利利他の臨床瞑想法を体験してください。

瞑想は、「希望を実現する」ツールです。何度も言うようですが、望みが叶うか叶わないかを問題にするのではありません。「私はこう生きたい」と信念を高め、しがらみを整理し手放して、自分らしくシンプルで中味の濃い生き方をつかむ有効な手段なのです。
あなたが、深く悩んでいる人と向き合うときは、クライアントの苦しさを受け止めつつ、あなた自身が平安なこころをもって傍らに座ることから始めてください。

結びに代えて——臨床宗教のすすめ

臨床宗教に興味のある人は

東日本大震災の後に、被災者の救援には宗教家も参加しました。大事な家族を失った人々の深い悲しみに寄り添うために、布教を目的としないで、死別後の心のケアにあたったのです。

そのようすに宮城県仙台で在宅ケアを行っていた岡部健医師が着目しました。岡部医師は自分の医院の看護師も津波で犠牲になったことから、その悲しみや同僚の心のケアに、祈りなどの宗教性が必要であることを実感し、東北大学などに働きかけて、専門職の養成を期待しました。岡部氏は「戦後の日本では、宗教や死生観について語り、闇に降りていく道しるべを示すことのできる専門家が死の現場からいなくなってしまった。公共性を担保したうえで、医者とチームを組んで現場に入れる宗教者が必要」と医療者側から訴えたのです（東北

大学実践宗教学寄付講座：http://www.sal.tohoku.ac.jp/p-religion/diarypro/diary.cgi?field＝9)。

その後に東北大学では「実践宗教学寄付講座」を開設し、各宗派の教師（住職）資格をもつ僧侶を対象に「臨床宗教師」の養成に乗り出しました。現在、その研修プログラムを終了した宗教家は一七〇名におよび、宗別も仏教、キリスト教、イスラム教、また天理教や立正佼成会などの新宗教も入っています。

この活動が国内の宗教系大学に影響して、高野山大学、上智大学、鶴見大学、龍谷大学、種智院大学などが、臨床宗教師養成やスピリチュアルケア学の専門課程の授業を実施する動きとなり、大学間で情報交流などを目的とした「臨床宗教教育ネットワーク」も組織されました。わが国で最初の日本スピリチュアルケア学科を二〇〇六年に立ち上げた高野山大学も、国内ではその牽引役となっています。

国内の臨床宗教の充実を願って、二〇一六年「日本臨床宗教師会」が京都で結成されました。その前年の九月一日から、高野山東京別院において高野山大学大学院臨床宗教教養講座が開講しました。学舎は別院と六本木ハリウッド大学院大学の教室を使用して、初年度の大学院キャリヤコースの学生一六名でスタートしました。

興味ある学習科目が満載

臨床宗教師の養成カリキュラムは、スピリチュアルケア概論Ⅰ・Ⅱ、スピリチュアルケア演習、仏教学、密教学、仏教芸術学演習（仏画・マンダラ制作）、密教学演習（臨床瞑想法）、宗教学、宗教人類学、死生学、生命倫理学、宗教間対話、臨床心理学、相談心理学、宗教心理学、社会福祉学、実習は高齢者福祉実習、宗教間対話実習、臨床宗教学実習Ⅰ・Ⅱ（臨地実習、被災地実習）、臨床宗教学実習指導Ⅰ・Ⅱ（個人、グループスーパーヴィジョン）などです。

この講座を修了すると日本臨床宗教師会の資格認定委員会から「臨床宗教師」の資格認定を、また日本スピリチュアルケア学会の「認定、専門のスピリチュアルケア師」を取得できます。

初年度の学生の職業は僧侶、尼僧、看護師、カウンセラー、元公務員、会社員などで、教養講座の特殊性から僧侶は全体の半分くらいですが、さまざまな職種の社会人と一緒に学ぶ「多職種連携」のワーク形式となっています。実習は施設内でのグループワークをはじめとして、被災地などでの臨床宗教実習、医療福祉施設などの臨地実習が必須です。

また特徴的なものとして「宗教間対話実習」があります。黙想の家（イエズス会日本殉教者修道会）や都内のモスク寺院、神社などでの研修が実施され、インターフェース（宗旨宗派を超えた）な交流活動を重視しています（講座の詳細は各大学へお問い合わせください）。

宗教ケアと臨床宗教の違い

「宗教的ケア」とは、「特定の信仰に基づいて行なわれるケア」です。自分（宗教）の土俵に招き入れてケアすることで、教義の布教や儀式、実践が優先します。一方で臨床宗教やスピリチュアルケアは、相手の心の世界に土足で入ることをよしとしません。むしろ相手の土俵（心の世界）に関与しつつサポートします。宗教的教理を紹介することよりも、生死の意味を探求できるように、寄り添って援助をすることが本来の臨床宗教的ケアなのです。

「臨床宗教師とは、公共空間でこころのケアをする宗教家」（東北大学）で、海外では、臨床宗教師のことを「インターフェース・チャプレン」などと呼んでいます。各大学での臨床宗教師養成は医療や福祉、臨床心理学と連携しつつ、主に「日本スピリチュアルケア学会」などと協力し合っています。つまり新しい臨床宗教師養成は、祈りや修行の実践性を重視して宗教的叡智を駆使しつつ、アカデミックな視点をもって、現代社会の課題に積極的にコミット（関与）する人材育成なのです。

宗教離れ、檀家離れが危惧される寺院環境があるいまこそ、地方寺院や僧侶の資質向上と社会貢献のために「臨床宗教師」や「スピリチュアルケア師」などの専門教育を受けた人材が要請されています。

日本の伝統ある仏教・密教界は、その歴史的な意義だけにとどまらず、混迷する時代に密教（仏教）のもつ深遠でパワフルな瑜伽行《ゆがぎょう》の潜在力を発揮するときです。今も空海さんは、高野山からわれわれに「怠けず精進しろ」と盛んにエールを送ってくれているようです。

さあ、一緒に瑜伽行を実践しましょう。

参考文献

アドルフ・グーゲンヴィル・グレイグ、樋口和彦・安渓真一訳『心理療法の光と影：援助専門家の「力」』ユング心理学選書二、創元社、一九八一
阿部慈園『比較宗教思想論II』北樹出版、一九九七
有田秀穂『脳の疲れがとれる生活術』PHP出版、二〇一二
アーロン・アントノフスキー、山崎喜比古・吉井清子監訳『健康の謎を解く』有信堂、二〇〇一
安藤治『瞑想の精神医学』春秋社、一九九三
安藤治『心理療法としての仏教』法蔵館、二〇〇三
アンドリュー・サミュエルズほか、浜野清志・垂谷茂弘訳『ユング心理学辞典』創元社、一九九三
石川中『瞑想の科学：新しい精神世界への飛翔』講談社ブルーバックス、一九八一
井上ウィマラ『呼吸による気づきの教え』佼成出版社、二〇〇五
今村義正・国分康孝編『論理療法にまなぶ：アルバート・エリスとともに・非論理の思いこみに挑戦しよう』川島書店、一九八九
ウィルバー・ケン、松永太郎訳『インテグラル・スピリチュアリティ』春秋社、二〇〇八
ウォルター・オダージンク、湯浅泰雄監訳『瞑想とユング心理学』創元社、一九九七
潮秀樹『図解入門　よくわかる量子力学の基本と仕組み』秀和システム、二〇〇四
梅原猛『空海の思想について』講談社、一九八〇
梅原猛『日本人の「あの世」観』中央公論社、一九八九
エドワード・ホフマン、上田吉一・町田哲司訳『マズローの人間論：未来に贈る人間主義心理学者のエッセイ』

ナカニシヤ出版、二〇〇二

大下大圓『癒し癒されるスピリチュアルケア』医学書院、二〇〇五
大下大圓『ケアと対人援助に活かす瞑想療法』医学書院、二〇一〇
大下大圓『実践的スピリチュアルケア：ナースの生き方を変える自利利他のこころ』日本看護協会出版会、二〇一〇
大下大圓『臨床瞑想法』日本看護協会出版会、二〇一六
岡野守也『空海の「十住心論」を読む』大法輪閣、二〇〇五
岡村道雄『縄文の生活誌（改訂版）』講談社、二〇〇二
尾崎真奈美・奥健夫編『スピリチュアリティーとは何か』ナカニシヤ出版、二〇〇七
貝谷久宣・熊野宏昭編『マインドフルネス・瞑想・座禅の脳科学と精神療法』新興医学出版社、二〇〇七
片山一良『パーリー仏典『念処経』中部後分五十経篇Ⅰ』大蔵出版、二〇〇一
勝又俊教編『弘法大師著作全集第一巻』山喜房、一九九八
加藤純隆・加藤精一訳『空海「秘蔵法鑰」』角川学芸出版、二〇一〇
加藤精一編『空海「即身成仏義、声字実相義、吽字義」』角川学芸出版、二〇一三
可藤豊文『瞑想の心理学：大乗起信論の理論と実践』法蔵館、二〇〇〇
金岡秀友『密教の哲学』講談社、一九八九
鎌田東二『宗教と霊性』角川書店、一九九二
河合隼雄『心理療法序説』岩波書店、一九九二
川畑伸子『がんのイメージ・コントロール法』同文館出版、二〇〇五
菊地章太『儒教・仏教・道教』講談社選書メチエ、二〇〇八
久野昭『日本人の他界観』吉川弘文館、一九九七
久保隆司編『ソマティック心理学への招待』コスモスライブラリー、二〇一五

グラバア俊子『五官の力』創元社、二〇一三
ケン・ウィルバー、松永太郎訳『インテグラル・スピリチュアリティ』春秋社、二〇〇八
国訳一切経『瑜伽師地論　瑜伽部一』大東出版、一九三〇
国訳大蔵経『摩訶止観』宗典部第十三巻、東方書院、一九三二
サイモントン・O・カール、リード・ヘンソン、ブレンダ・ハンプトン、堀雅明・伊丹仁朗・田中彰訳『がん治療への道』創元社、一九九四
酒井シヅ『日本の医療史』東京書籍、一九八二
佐藤勝彦監修『量子論を楽しむ本』PHP文庫、二〇〇〇
佐和隆研ほか『密教大辞典』法蔵館、一九七一
Z・V・シーガル、J・M・G・ウィリアムズ、J・D・ティーズデール、越川房子監訳『マインドフルネス認知療法』北大路書房、二〇〇七
静慈圓『梵字悉曇』朱鷺書房、一九九七
ジバナンダ・ゴーシュ『インド・ヨガ教典：瞑想と健康の技法』評言社、一九七六
島薗進・竹内整一編『死生学』東京大学出版会、二〇〇八
島薗進・西平直編『宗教心理の探求』東京大学出版会、二〇〇一
「少年A」の父母『少年A―この子を生んで：父と母　悔恨の手記』文芸春秋、二〇〇一
ジョン・バットジン、春木豊訳『マインドフルネスストレス低減法』北大路書房、二〇〇七
ジョン・バティスタほか編、安藤治・大澤良郎・是恒正達訳『トランスパーソナル心理学・精神医学』日本評論社、一九九九
ジョン・ヒック、林陽訳『魂の探求』徳間書店、二〇〇〇
菅靖彦『変性意識の舞台』青土社、一九九五
高木訷元『弘法大師の福祉思想：密教福祉』密教福祉研究会、一九九九

高木訷元『空海―生涯とその周辺』吉川弘文社、二〇〇九
高木訷元『空海の座標―存在とコトバの深秘学』慶応義塾大学出版会、二〇一六
高楠順次郎ほか都監『大正大蔵経　第三巻、第六二巻』一巻、大蔵出版、一九七〇
高楠順次郎監修『南伝大蔵経　第六二巻、清浄道論Ⅰ』大蔵出版、一九七四
高橋直道監修『唯識と瑜伽行』春秋社、二〇一二
立川武蔵『マンダラ瞑想法：密教のフィールドワーク』角川選書、一九九七
田中卓『仏教と福祉』北辰堂、一九九四
多屋頼俊ほか編『仏教学辞典』法蔵館、一九九五
ダライラマ一四世、柴田裕之訳『瞑想と悟り：チベット仏教の教え』日本放送出版協会、一九九七
中村元訳『ブッダの真理のことば・感興のことば』岩波文庫、一九七八
中村元『ブッタ最後の旅：大パリニッバーナ経』岩波書店、一九八〇
中村元『ビハーラ活動の源流』ビハーラ活動実践研究会、一九九三
中村元『広説佛教語大辞典』東京書籍、一九七五
中村元『仏教辞典』東京書籍、二〇〇一
生井智紹『密教自心の探求』大法輪閣、二〇〇八
ナムカイ・ノブル、永沢哲訳『チベット密教の瞑想法』法蔵館、二〇〇〇
ひろさちや『空海と密教』祥伝社、二〇一五
福永勝美『仏教医学事典』雄山閣、一九九〇
藤腹明子『仏教と看護』三輪書店、二〇〇〇
ベッカー・カール「SOCの現状とスピリチュアル教育の意味」『Comprehensive Medicine：全人的医療』八巻一号、二〇〇七
マクドナルド・C、ペマ・ギャルポ・鹿子木大士郎訳『チベット・メディテーション』日中出版、一九八七

正木晃『密教』ちくま学芸文庫、二〇一二
間瀬啓允『エコロジーと宗教』岩波書店、一九九六
松長有慶『密教の相承者：その行動と思想』評論社、一九七三
松長有慶『密教・コスモスとマンダラ』日本放送出版協会、一九八五
松長有慶『密教・二一世紀を生きる』法蔵館、二〇〇二
マハリシ・マヘッシュ・ヨーギ、十菱麟訳『超越瞑想入門』読売新聞社、一九七一
水野弘元『パーリ語辞典』春秋社、一九七八
宮坂宥勝『空海：生涯と思想』筑摩書房、一九八四
宮坂宥勝『密教世界の構造』ちくま学芸文庫、一九九四
宮坂宥勝編『弘法大師空海「即身成仏義」』四季社、二〇〇二
村上保壽『空海』創元社、二〇〇九
村田哲人・高橋哲也・和田有司・貝谷久宣・熊野宏昭編『マインドフルネス・瞑想・坐禅の脳科学と精神療法』
新興医学出版社、二〇〇七
元少年A『絶歌』太田出版、二〇一五
森雅秀『生と死からはじめるマンダラ入門』法蔵館、二〇〇七
山崎泰廣『密教瞑想法：密教ヨーガ・阿字観』永田文昌堂、一九七四
山崎泰廣『密教瞑想と深層心理：阿字観・曼荼羅・精神療法』創元社、一九八一
山下博司『ヨーガの思想』講談社、二〇〇九
山田冨美雄編『癒しの科学：瞑想法』北大路書房、一九九五
ユング・C・G、池田紘一・鎌田道生訳『心理学と錬金術Ⅱ』人文書院、一九七六
ユング・C・G、湯浅泰雄・黒木幹夫訳『東洋的瞑想の心理学：ユング心理学選書五』創元社、一九八三
横山紘一『唯識思想入門』第三文明社、一九七六

頼富本宏『「大日経」入門』大法輪閣、二〇〇〇
ラマ・ケツン・サンポ、中沢新一『虹の階梯：チベット密教の瞑想修行』平河出版社、一九八一
ロジャー・ペンローズ、中村和幸訳『心は量子で語れるか』講談社、一九九九
ロバート・キース・ワレス、児玉和夫訳『瞑想の生理学』日経サイエンス社、一九九一

あとがき

いかがでしたか？「大圓流・密教を読み解く」は参考になりましたか。

本来は、空海さんの書籍内容をもっと具体的に記述しながら、ていねいに解説しなくてはなりません。しかし本書は学術書ではなく、一般の方に密教や瞑想《めいそう》を身近に感じていただきたいという一念で書き上げたものです。特に、『十住心論《じゅうじゅうしんろん》』は空海さんの教えの集大成ともいえる真言密教の立場を著したもので、一二〇〇年前に、さまざまな教えを批判的に論述してまとめあげるという、世界でも貴重な書です。

それを私が、大胆不敵にも自己流の解釈を加えています。ただしこれは、私自身が四〇年以上の瞑想実践の中で、四つの瞑想のプロセスを生み出したヒントにもなっているものです。人の心を階層式に分類しつつも、すべてが全体の一部であり、必要な資質であることを、十住心の考察で展開しました。

したがって、記述には十分な典拠考察は行っていませんので、詳しく知りたい方は、文献紹介の専門書などにあたってください。もっと密教を詳しく知ることができるでしょう。

生きることは、しんどいことです。しかし、今を生きているという実感を噛みしめて、精一杯生きるプロセスこそ「密教ライフ」なのです。常に瞑想的な感覚を失うことなく、日々の目の前のことを、実践してください。

頭で考えるより、行動してみることです。たとえば、四国八十八ヶ所遍路をおすすめします。まさに空海さんの、空と海の旅です。四国の大自然を悠々と歩き、山野に分け入り、樹々にこだまする息吹を感じて進む道程が、あなたを密教の世界へと誘ってくれます。あなたの近くにある緑の山や蒼い海を観ながら瞑想すれば、心は広がって平安を呼び戻します。

本書を読んで瑜伽行《ゆがぎょう》や瞑想の実践方法をもっと学びたいと思われる方は、「臨床瞑想法教育研究所」が千光寺《せんこうじ》を主な会場に実施している「臨床瞑想法指導者養成講習会」基礎コース・上級コース・応用指導コースをおすすめします。

瞑想研修の基礎コースでは、「ゆるめる瞑想」と「みつめる瞑想」の理論と実習を学び、上級コースでは「たかめる瞑想」と「ゆだねる瞑想」の理論と実習を学びます。応用指導コースでは、臨床瞑想法の指導法の理論を学んだのちに、研修生がクライアント役とセラピスト役になって、瞑想のリードの仕方をロールプレイなどを用いて実習します。

臨床瞑想法教育研究所では、東京、名古屋、神戸、京都などで基礎研修を展開しています。

また上級研修は、飛騨千光寺での合宿型や名古屋ココカラクリニック、神戸クリニックなどでの通所型もあります。応用研修は、基本的に飛騨千光寺の自由な心の道場などで展開しています。すでに、臨床瞑想法や密教瞑想を習得された医師・看護師・臨床心理士などは、五〇人を超えています。

詳しい情報は、臨床瞑想法教育研究所のホームページをご覧ください（http://senkouji.com/）。

密教は理論も大事ですが、とにかく身体と感性で体得するものです。この機会に、さまざまな密教修行にチャレンジしてみてください。

最後になりましたが、本書の発刊に際しては、日本評論社の江波戸茂取締役、並びに同社におられた林克行様に多くのご指南とご尽力を賜りました。心より御礼を申し上げます。

曼荼羅の説明をする著者

大下大圓（おおした・だいえん）

1954年、飛騨高山で生まれる。高野山大学文学部仏教学科卒業。高野山傳燈大阿闍梨、元高野山大学客員教授。

大学卒業後、スリランカに留学し仏教瞑想を習得。京都大学こころの未来研究センターで「瞑想の臨床応用」を研究。現在、京都大学大学院・名古屋大学・愛知医科大学大学院等の大学で臨床瞑想法やスピリチュアルケア教育を担当している。また、15年間高山市内の内科クリニックでスピリチュアルケアワーカーとして、患者や家族の心のケアにあたってきた。

東日本大震災以降は被災地を50回以上訪れ、支援活動（心のケア）を続けている。特に原発5キロ地点の川内村へは村役場の依頼で、仮設住宅の住民に講和・瞑想指導による支援活動をしている。

日本臨床宗教師会副会長、日本スピリチュアルケア学会理事、NPO法人日本スピリチュアルケアワーカー協会副会長。

著書には、『いさぎよく生きる』日本評論社、『もう悩まない―いまを心安らかに生きるために』佼成出版、『癒し癒されるスピリチュアルケア』医学書院、『いい加減に生きる―スピリチュアル仏教のすすめ33』講談社、『臨床瞑想法』日本看護協会出版会。

〈講演依頼・問い合わせ〉
・飛騨千光寺
〒506-2135　岐阜県高山市丹生川町下保1553　FAX 0577(78)1028
ホームページ　http://senkouji.com
E-mail　daien@senkouji.com

密教《みっきょう》 大楽《たいらく》に生《い》きるワザ――統合瞑想があなたを変える

2016年9月25日 第1版第1刷発行

著 者――大下大圓

発行者――串崎 浩

発行所――株式会社 日本評論社

〒170-8474 東京都豊島区南大塚3-12-4 振替 00100-3-16

電話 03-3987-8621（販売）

https://www.nippyo.co.jp

印刷所――精文堂印刷

製本所――難波製本

装 幀――図工ファイブ

ISBN 978-4-535-56357-5